正しい答えを導くための疑う思考

Doubting Thoughts
Navigating Toward
the Right Answer

問題解決
コンサルタント
岡佐紀子

かんき出版

まえがき

今、日本を代表するスーパースターの1人にプロ野球選手の大谷翔平さんがいます。彼の凄さを表すエピソードは数多くありますが、最も注目されているのは、彼がピッチャーとバッターを両立させている「二刀流」であることです。

プロ野球の世界では、ずっと「ピッチャーとバッターの両立はできない」と考えられてきました。学生野球では「ピッチャーで4番」の選手はたくさんいますが、プロとして結果を残すためには、どちらかに専念すべきである、両立は故障の原因になる、というのが野球界の常識でした。

例えば、かつてオリックスやメジャーリーグで活躍したイチローさんも学生時代には投手をしていましたが、プロに入ってからは外野手となり、バッターに専念しています。

その「世界の常識」を打ち破ったのが大谷選手でした。彼の活躍は世界中で注目されています。この成功によりきっと近い将来、二刀流の選手は増えていくのではないでしょうか。

このような例は他にもあります。かつて世界では、100メートル走で10秒を切ることは非常に難しく、「10秒の壁」と呼ばれていました。ところが、1968年のオリンピックで初めて10秒を切った選手が出てきてからは、続々と10秒を切る選手が生まれています。

常識を破る人が1人生まれると、次々にあとに続く人が出てくる。それはスポーツ界に限ったことではありません。ビジネスでも、同じような例はたくさんあります。

かつては、会社勤めをしながら経営者として自分のビジネスをすることはタブーでした。会社が「自社の利益を奪う敵対的な行為である」と考えていたからです。

また、すでに起業している人は、「扱いにくそう」という印象もあって企業は採用に消極的でした。

しかし現在は、副業が解禁されて社内起業をする人も増えていますし、起業した学生が会社を持ったまま企業に採用されるケースも出てきました。

「学生のうちに起業するような人材は、組織の中では使いづらいのではないか」という印象から、「学生のうちに起業できるほどの高い経営力があれば、自社にとってメリットになる」という意識に社会が変化していると言っていいでしょう。

このように、**私たちをとりまく「常識」は常に変化しています。**ときには、白だったものが黒になるほどの極端な変化をすることもあります。

この変化はどんどん速くなっています。例えばＡＩを見てみても、その進化のスピードはめざましいものがあります。

もしも考え方をアップデートできないまま、社会の変化に取り残されてしまったら、単なる「時代遅れ」ではすまされないほどのダメージが出てしまうでしょう。これからは、自分で考え、行動する姿勢が今まで以上に必要になってきます。

そのために必要なのが、本書で紹介する「疑う思考」です。

申し遅れました。私は岡佐紀子と申します。

私はこれまで20年以上にわたり、企業が抱える問題や課題を解決することをミッションとして活動してきました。

私は企業の悩みを深掘りし、それを解決するための手段を提供しています。既存の仕組みやシステムについて改善を提案することもあれば、研修を組み立てて、社内の「人」の意識を変えたり、能力を開発するようなアプローチを行うこともしています。

さて、私が数多くの研修やコンサルを行ってきた中で感じていること。それは、「疑う思考」がこれからの「ビジネスシーン」や「プライベートシーン」で欠かせないスキルになっていくということ。そしてこのスキルは、非常にシンプルで簡単だということです。

「それって本当？」と問い続ける。たったこれだけでいいのです。

この問いかけの効果は絶大です。「疑う思考」を身につけたことで、仕事の精度が上がる方があとを絶ちません。

実は、疑うべきことは私たちの身の回りにとてもたくさんあります。

課題の数だけ疑うべきことがある、と言ってもいいでしょう。

「営業販路は、これ以上拡大することはできない」

本当でしょうか？

「この商品は、女性には受けない」

本当にそうでしょうか？

「ネットで、〇〇が大人気と言われている」

本当に？

「疑う思考」が身につくと、視点が増えていきます。**今まで当たり前にしていたことや、信じ込んでいたことに「それって本当？」と光を当てることによって、別の可能性が見えてくる**のです。

調べものをするときにＳＮＳを使う方は多いと思いますが、「その情報って本当に正しい？」という視点が１つ増えれば、「別のデータも引っ張ってみよう」と行動が変わります。

「今の職場ではこれ以上のことはできない」という思い込みにも「それって本当？」と尋ねてみることで、「今の職場でできること」が増えていくでしょう。

違う角度から見る。ただそれだけで、「できない」が「できる」に変わることは、とても多いのです。

私は研修を通じて、「できない」が「できる」に変わる瞬間にたくさん立ち会ってきました。自分の可能性にハッと気づいて皆さんの表情がパッと輝いたとき、「この仕事をしていて、本当に良かったなあ」といつも嬉しくなります。

この爽快感や体が軽くなる感覚を、ぜひ本書を通じて、皆さんにも体験していただきたいと思っています。

「疑う思考」は、あなたの可能性を開き、仕事のやりがいを増やしてくれる頼もしい味方です。ぜひ楽しみながら、本書を読み進めてみてください。

岡 佐紀子

第1章

「疑う思考」は今の社会に必須のスキル

第2章

「疑う思考」の基本となる3つの思考法

第3章 「認知の偏り」と「バイアス」が正しい判断を鈍らせる

第4章 情報をうまく取り扱うコツ

第5章 思考のクセを知り、客観的に判断する力を身につける

第6章
「疑う思考」をもっと仕事で活用する

◎ブックデザイン　山之口正和＋齋藤友貴（OKIKATA）
◎イラスト　井上明香
◎編集協力　金子千鶴代
◎DTP　佐藤純（アスラン編集スタジオ）
◎校正　鴎来堂

第1章

「疑う思考」は今の社会に必須のスキル

今、「考える」機会が減っている

　私はこれまで多くの企業で研修やコンサルティングを行い、何万人というビジネスパーソンにお会いしてきました。その中で最近よく感じているのが、「指示されたことに対して、何の疑問も抱かずにそのまま進めてしまう人が多い」ということです。

　ある会社で、お客さまに封書で商品のご案内をお送りするという業務が発生したときのことです。先輩社員が新入社員に、「このチラシを、三つ折りにして封筒に入れてほしい」と言って見本を渡しました。このとき先輩社員は、チラシを三つ折りにして封筒に入れるという一見簡単な作業のため、見本があるから誰でもできるだろうと考えて、詳しい説明をしませんでした。

　ところが、しばらくして様子を見に行ったところ、チラシの折り目はガタガタで、折った状態の大きさもバラバラ。その先の工程である封入作業で、封筒のサイズに収まらないものも多くあったため、すべてやり直す羽目になりました。

先輩社員は、「当たり前のことがなぜできないのか」「見本があるのになぜできないのか」「わからないなら、なぜ質問にこないのか」と疑問に思ったそうです。

でも、「見本を渡したからできるに違いない」と思い込んでポイントを明確にしていなかったこと、「相手はわかるはず」と思い込んで次工程を説明していなかったことは、先輩側の問題です。


一方で、新入社員からは、「仕事が覚えられない」「わからないことが、わからないので、質問できない」「もっと自分で考えて動けるようになりたいけど、良かれと思ってやった行動が先輩や上司の想いとずれており、良くない結果になってしまう」、といった悩みの声が聞こえました。

実はこれらも、**どうしたらできるのかと考えていないこと、また、こうなるに違いないと思い込んでいることが原因**です。


このように、先輩社員も新入社員も、仕事の進め方でフラストレーションを抱えています。

なぜ、こうした現象が起きてしまっているのでしょうか。

さまざまな要因が考えられますが、私は「考える力」が弱まっていることが大きな要因だと思っています。

インターネットが身近なものになり、私たちが日常的に得られる情報量は膨大になりました。地球の裏側に住む人のSNSには数秒でアクセスできますし、自宅にいながら世界中の論文を読んだり、国会図書館にアクセスして、何百年も前に書かれた文献に触れたりすることもできます。

「知りたい」と思ったらすぐに情報を得ることができる、とても便利な時代が到来しました。**現代社会に生きる私たちが1日に得る情報量は、江戸時代の人が1年で得る情報量に匹敵する**とも言われています。それどころか、平安時代の人の一生分とも言われているのです。

それだけの情報量に瞬時にアクセスできるようになった弊害が、思考力の低下です。膨大な情報を私たちは、クラウドなどの外部記憶に頼っています。調べればわかることを、あえて記憶しておく必要がなくなったのです。

ここでお尋ねします。

頻繁にコミュニケーションを取っている取引先の正確な部署名を言えますか？
大口顧客のあの会社の本社はどこにありますか？
勤めている会社の住所を番地まで言えますか？
上司の下の名前は何でしょうか？
所属している部署の電話番号を知っていますか？
友だちや家族の電話番号はどうでしょうか？

すべてを記憶しているという方は、ほとんどいないのではないでしょうか。私たちは、覚えておく必要がないことは記憶しません。

カレーを作ろうと思っても、材料がないと作れませんよね。思考も同じで、記憶している情報、つまり材料がなければ、考えることができないのです。

情報や知識が少ないために、わからないことにぶつかっても考えることができない。そうすると、検索するというアプローチしかできなくなってしまうのです。調べればわかるため、**考えるよりも先に「調べよう」と思ってしまう。**こうして考える機会がどんどん失われていきます。このくり返しにより、私達の思考力は知らないうちにどんどん弱くなっているのです。

では、どうすれば考える力を育てることができるのでしょうか。

情報を暗記して、知識を増やせばいいのでしょうか。

確かに知識を増やすことはとても大切です。ただ、知識さえ増やせば思考力が身につくわけではありません。思考力を高めるためには、知識だけでは不十分です。

私は筋トレをしています。ちゃんとトレーニングしていると、確実に筋肉がつきます。トレーナーの方も「筋肉は裏切りません！」と言っています。思考も筋肉と同じようにトレーニングが必要で、日頃から訓練することで確実に思考力が醸成できます。

その方法を８つ紹介します。

①意識的に時間を設ける……調べる前に、自分なりの答えを考える時間を意識的に設けることで思考力が培えます。例えば、何か疑問に思ったときにすぐにインターネットで検索するのではなく、まずは自分で考えてみましょう。

②日記をつける……毎日の出来事や学んだこと、感じたことをどこかに書き留めることで、自分の考えを整理し、深めることができます。また、自己反省や問題解決の過程を記録することで、思考のパターンを把握し、改善する手がかりにもなります。

③ディスカッションを行う……その日に起こったことや見聞きしたこと、最近のニュースの中で自分が興味・関心のあるトピックについて、友人や家族と話し合うことで、多様な視点から物事を考える機会が得られます。他人の意見を聞くことで、自

分の考えを再評価し、新たな視点を獲得できます。

④本を読む……さまざまなジャンルの本を読むことで、知識を広げると同時に、著者の考え方や論理的思考を学ぶことができます。ただ読むのではなく、読んだあとに、その内容について自分なりの意見を持つことが、考える力を養う上で有効です。

⑤問題解決の練習をする……日常生活で直面する小さな問題から始めて、解決策を自分で考える練習をします。例えば、時間管理の問題や、家庭内での小さな課題を解決することがおすすめです。

⑥それは本当かと疑う……疑いながらも、事実と意見を区別する、根拠に基づいて評価する、論理的な誤りを指摘することを意識します。「それって本当？」と問いかけることで、より深く、論理的に考えることができるようになります。

⑦新しいことに挑戦する……新しい趣味やスキルを得ることで脳を活性化させ、思考

の柔軟性を高めます。未知の分野に挑戦することで、問題解決のための新しい方法や考え方を見つけることができます。

⑧自分とは違う価値観の人とあえて話をする……同じ価値観の人とばかり話をしていると思考が偏ります。あえて違う人と話し、そんな見方や考え方もあるんだな、と違う角度からものを見ることで考える力を醸成することができます。

ちなみに、私は、初対面で何の情報もない方に対しても、10分ほど話せばその方が抱えている課題や悩み、今いる環境が手に取るようにわかるようになります。企業から相談を受けるときも同じで、少し話すだけで会社の強みや商品の特徴、現在抱えている問題について、そこにいる人の誰よりも説明ができるようになるのです。

私が的確に状況を説明できるようになるので、「岡さん（著者）は見たことがあるんですか？」といつも驚かれます。

ですが、目の前にない状況を把握することや、今抱えている問題に対して説明することは、少しのトレーニングを積むことで、誰でもできるようになります。

考える力があれば今いる部署の問題点を解決して、より良い部署にすることも、新しいサービスや商品を企画することも、自分のスキルを伸ばすことも、できてしまいます。

その考えるスキルの1つが、本書のテーマである「疑う思考」です。

人は、自分が見ているものを正しいと思い込む

次の質問の回答を考えてみてください。


「何でもいいから1台の車をタダでもらえるとしたら、どんな車がほしいですか？」

頭に思い浮かびましたか？

では、もう1つ質問します。

「なぜその車を選んだのですか？」


実際に研修でもこの質問をするのですが、答えは本当にバラバラです。

「高く売って現金に換えたいから、世界で一番高い車がほしい」という人もいれば、「コストがかからなくて、気軽に乗れる軽自動車がほしい」という人もいます。

ランドクルーザーというSUVの車がありますね。広い層に人気の車です。ランド

クルーザーを選ぶ人も多いのですが、なぜ選んだのかを聞いてみると、「周りに人気があるから自分も乗りたい」「値段が下がりにくいから将来転売するのにいいから」など、さまざまな理由が飛び出します。

多くの場合、「転売したい」という人が出てくると、その場の空気が少し悪くなります(笑)。「転売は悪いことだ」という人が出てきて、それに対して、「軽自動車を選ぶなんて夢がない」という意見も出ます。このように**自分の意見を主張するとき、人は自分の価値観を信じて疑っていません。**

「転売して得たお金をどうしたいの?」とさらに質問を続けていくと、「そのお金でみんなに車を買ってあげます」という人がいたり、「両親を旅行に連れて行きたい」という人が出てきたりします。

このような理由を聞くと、最初は「転売なんて……」という冷めた目で見ていた人が多かったとしても、その場の雰囲気が変わります。「転売は絶対に悪だと思っていたけど、もしかしてそうではない転売が存在するのかも?」と思う人が出てくることもあります。

こうしたワークを行いながら、いろいろな角度から見るということを体験してもらうと、自分の考え以外にも多種多様な価値観があることに気づくのです。

実際にこの研修をすることによって、自分のお金に対する考え方や、ライフスタイルで大切にしていることなどの棚卸しができます。**自分が「正しい」と信じていた価値観以外に多様な価値観があることを知ると、自分を見直すきっかけにもなる**のです。

さて、あなたにも、私が行っている研修について疑似体験をしていただきました。

ここで、今あなたが働いている会社の商品について改めて考えてみてください。

その商品は本当に、今まであなたが思っていたような商品でしょうか？

私は、初対面の方と打ち合わせをする際、あえて企業案内や商品のパンフレットに書かれている情報くらいしかインプットしていきません。「私は何も知らないから教えてください」と言って説明をしてもらい、「それって本当ですか？」「どうしてそうなっているんですか？」と、繰り返し質問します。

例えば、このような感じです。

岡　「カードローンのお客さまってどんな方だと思いますか？」
担当者　「お金に困っている人です」
岡　「本当にお金に困っている人がお客さまなんですか？」
担当者　「だって、お金を借りたいと思っているので」
岡　「本当にお金に困っている人は、カードローンを利用できるのでしょうか？」
担当者　「いえ、審査があるので、カードローンを使うことはできないですね」
岡　「もう一度伺いますね。カードローンのお客さまってどんな方なんでしょう？」
担当者　「お金に困っていない方です」

担当者は「カードローンはお金に困っている人向けの商品だ」と話していました。私も最初は、金融機関のカードローンというサービスが必要なのは、お金に困っている人だと思っていました。しかし、情報を整理し深く考えた結果、実際に本当にお金に困っている人はローンの審査を通過できないことが多いため、このサービスを利用できないことに気づいたのです。つまり、カードローンの本当の顧客とは、実際にはお金に困っていない人だったのです。

このことから言えるのは、私たちがある商品やサービスについて持っている先入観や思い込みが、本当のことを見えなくしてしまっている場合がよくあるということです。

商品説明の担当者は商品についての勉強会で、誰がこの商品の対象であるか、そしてその商品の特徴はどのようなことなのかについての説明を受けたはずです。

しかし、自分の中に「こうに違いない」という固定観念があると、事前に受けていた説明を正しく理解することができず、結果として、本来の対象顧客へ効果的にアプローチすることができなくなります。そして、**一度自分の中で「これが正しい」という思い込みを持ってしまうと、その情報に対して疑問を持たずに受け入れてしまい、知識を正確にインプットすることができなくなります。**

これが、説明がうまくできない理由や、相手に話が伝わらない原因になり、また説明するものの内容に自信が持てない状態になってしまうのです。

さまざまな角度から質問することで、私の脳内には全体像が構築されていきます。物事を疑うことによって、関わっている仕事の全体像が見え、強みや特徴が浮かび上がってくるのです。その結果、物事を熟知しているはずの担当者や経営者よりも早く、的確に物事の構造を理解し、解説できるようになります。

そのために特別な能力は必要ありません。

ぜひ、あなたが扱っている商品やサービスのお客さまについても、考えてみてください。今まで見えなかった違う一面が見えてくるはずです。

■ＶＵＣＡ時代の常識は今までの非常識

日本は少子高齢化が進み、物価も上がっていて、どんどん住みにくくなっていると言われています。コロナ禍によって日本全体が経済的な打撃を受けました。さらに近年では、何十年かに一度と言われるような大災害も各地で頻繁に起こっています。

このような不安定な今の時代は「ＶＵＣＡ《ブーカ》時代」と言われています。

ＶＵＣＡとは、「変動制（Volatility）、不確実性（Uncertainty）、複雑性（Complexity）、曖昧性（Ambiguity）」の頭文字を取った言葉で、**先行きが不透明で、将来の予測が困難な状態**を言います。元々は１９９０年代後半にアメリカで軍事用語として使われ始めたのですが、今ではビジネスシーンでも使われるようになりました。

変化が激しいＶＵＣＡ時代では、かつて成功したことと同じやり方が通用するとは限りません。価値観は多様化し、意見を主張すれば、それに対する反論が必ず飛んできます。そして、10年先どころか、2年、3年先のことすら予測することができません。おそらく、これからますます変化が加速していくでしょう。

以前は、正社員として就職できれば一生安泰と考えられていて、転職すること自体が「おかしなこと」と見なされていました。しかし時代が変わり、転職は当たり前になっています。かつては「副業をするなど何事だ」という風潮が主流でしたが、今や政府が副業を推進する時代です。

さて、ここであなたが生まれたときのことを思い出してみてください。

そのとき流行っていたものは何でしたか？

それは、今もありますか？

例えばゲーム。今はニンテンドースイッチやオンラインゲームなんかがありますね。私が生まれた頃は、まだファミコンもありませんでした。

通信手段はどうでしょうか？　友だちと話をしたいとき、今なら個人が持っているスマホで通話ができます。しかし、昔は自宅から友達の自宅に電話をして、「〇〇ちゃんいますか?」と言って代わってもらうというのが主流でした。恋人と連絡を取るときも同じですから、中には「いません!」と言われて電話を代わってもらえなかった、というほろ苦い思い出を持つ方もいることでしょう。

わずか20年、30年前のことなのに、今とは全く違う世界のようです。そしてこれからは、ますますその変化が速まると言われています。

情報産業において変化のスピードが速いことを「ドッグイヤー」と呼んでいました。犬は人の7倍の速度で成長するためです。しかしあまりの変化の速さに、2000年頃にはドッグイヤーではなく、「マウスイヤー」という言葉が使われるようになりました。マウス（ネズミ）は人の18倍の速度で成長すると言われています。そして今、**マウスイヤーという言葉もそぐわないほど、進化のスピードが上がっています。**

先日、研修資料を作っていたときのことです。その研修は社員の服装がテーマだったので、資料の中に男女の服装の画像を挿入する必要がありました。

少し前までは、画像を使用するときにフリー画像で適したものを探してくるか、身近な人にモデルになってもらい撮影するかしか方法がありませんでした。しかしＡＩが進歩したことで、求める画像を生成してもらうことができるようになりました。生成ＡＩに画像を作ってもらって研修資料が完成したのですが、このようなことも、一昔前は考えられなかったことです。ドラえもんやアトムが活躍する未来は、もしかすると思ったよりも近いのかもしれません。

さて、私たちがＶＵＣＡ時代に生き残っていくためには、どうすればいいのでしょうか。

与えられた仕事を精一杯こなす？
会社で必要な知見を深め、そこに集中する？
英語を学び直す？
国家資格を取る？
貯金をする？

少し前までは「正解」の戦略だったはずのこれらのことが、今も通用するでしょうか？

そもそも、これらのことが備えになっていると思っている理由はどこにあるのでしょうか？

VUCA時代のように変化が激しい時代には、今までのように「正解を探す」というアプローチはもう通用しないと私は思っています。

見方を変えると、新しい市場を開拓できる

社会の変化は市場にも影響を及ぼします。特に顕著な例の1つが金融業界です。かつて日本には1100を超える銀行が存在しました。しかし現在では、その数は600行を切っています。同様に、14あった都市銀行も現在はわずか5行のみとなっています。

この変化の背後には、技術の進歩と人々の生活様式の変化があります。特に、電子マネーや暗号資産（仮想通貨）の登場は、お金の使い方や管理の方法を大きく変えました。

電子マネーやオンラインでの支払いが普及したことで、人々は現金を引き出す必要が少なくなりました。その結果、ATMの設置と維持にかかるコストが見直されています。

さらに、インターネットバンキングやスマートフォンのアプリを使った銀行サービスの普及は、人々が実際に銀行の支店を訪れる機会を減少させました。これは、特に都心部における高い家賃や人件費といった固定費用の見直しを銀行に促しています。

顧客サービスのデジタル化が進むにつれて、銀行は支店網の最適化と効率化を進め、より柔軟な運営形態への移行を図っています。

このような変化に適応するため、金融機関は新しいサービス開発やデジタル技術の積極的な活用を通じて、顧客のニーズに応える新しい方法を模索しています。金融機関の将来は、これらの挑戦をどう乗り越え、機会へと変えていくかにかかっているのです。

さて、このような背景から、「銀行は危ない」という論調の書籍やYouTube配信を見かけます。

では、銀行は本当に「オワコン」なのでしょうか？　疑う思考を使って考えてみましょう。

今までのやり方が通用しないということは、これから新しく作っていけるということでもあります。そして実際に、既存の在り方を変えて新しいことにチャレンジしている銀行はたくさん出てきています。

地方銀行の北海道銀行はＤＸに力を入れており、「ＢＨＩＰブロックチェーン北海道イノベーションプログラム」というものに参画しています。そこで行っていることの１つが、調剤薬局のデッドストック回収サービス事業です。

私たちが病院にかかったとき、薬の処方箋を持って調剤薬局で薬を購入していま す。調剤薬局は個人事業が多いので、それぞれの店舗が連携しておらず、各店舗で在庫を管理しなければなりません。ジェネリック医薬品がある薬においては、ジェネリック医薬品とそうでない薬の両方を準備しておかなければならないわけです。

薬の種類によっては、在庫がなくて取り寄せになることもあります。ある薬局では余っている薬が、別の薬局では在庫がない。個人事業なので、こうしたことが頻繁に起きていました。これは調剤薬局にしても薬を買いに来る患者さんにしても、利便性が高いとは言えません。

そこで北海道銀行がＢＨＩＰ事務局として全体サポートを行い、物流会社やシステム開発会社などと提携して、各薬局の薬の在庫を可視化し、流通できるシステムを開発したのです。北海道銀行はこの他にも、空き家対策のコーディネート事業や農業支援なども行っています。

山梨中央銀行では、ワイナリーや旅館、スーパーマーケットなどに行員を派遣するという取り組みを始めました。１年間の派遣期間を終えたら銀行に戻ってきてもらい、今度はコンサルタントとして派遣先の事業者の方々と関わり、サポートをしています。

北海道銀行や山梨中央銀行だけでなく、斬新な取り組みを始めている銀行は全国にあります。今までのように「このままでいれば安泰だ」と言われていた頃の銀行では実現できなかったであろう試みが、次々になされているのです。比較的フットワークが軽い地方銀行から、こうした動きが活発化しています。

「危ないから逃げる」という選択肢もあるかもしれませんが、土台がぐらついているということは、柔軟であるとも言えます。柔軟だから新しいことにチャレンジできるのです。もしも銀行が昔のように安泰だったら、きっとこうした試みは「うちは金融機関なんだから、関係ないことをするな」と止められていたことでしょう。

なぜ、こういったことが可能だったのでしょうか？

外部から専門知識が豊富なコンサルタントを入れたからでしょうか？　それとも、社員１人ひとりが今の業務をしっかり覚えて、応用が利くようになったからでしょうか？

いいえ、そうではありません。

既存の在り方を徹底的に「疑っていった」からなのです。

「本当に銀行ってオワコンなの？」
「銀行だからお金しか扱ってはいけないの？」
「銀行だからできることは何だろう？」

「自分の金融知識を生かして、何ができる？」
「銀行を辞めてしたいことを、銀行で働きながら実現できないのだろうか？」

自分たちが持っているリソースを確認し、それを使って何ができるかを考える。壁にぶつかったら、そこでまた「本当にできない？」と疑う。このように疑う思考を使って試行錯誤を重ねていくことによって、新たな市場を開拓し、銀行の業務範囲を拡大しているのです。

これは、銀行だからできたわけではありません。保険業界もコンサル業界も、どの業界でも応用ができるアプローチです。

疑う思考を使うことができれば、不可能と思われることにも光を当てて、可能性を育てることができるようになります。もしも今あなたが「もうダメだ」「自分にはできない」と思っていることがあったとしたら、まずはここから始めてみてください。「それって本当？」と問いかけてみるのです。

そこから、世界が開いていきます。

偏った情報が集まってしまう

現代において、疑う思考を磨く必要性はますます高まっています。なぜなら、得られる情報が膨大になった反面、自動的に私たちに入ってくる情報が非常に偏ってきているからです。

自分が求めている情報ばかりが集まる状態が続くと、知らない間に視野が狭くなっていきます。そして、自分が見ている世界が正しいという心理に陥ってしまうのです。

先日、通販でスーツを買おうと思ってパソコンで検索しました。するとその時点から、SNS広告やネット広告がスーツの広告だらけになりました。こうしたことを皆さんも経験したことがあるのではないでしょうか?

誰かと一緒にいるときに、それぞれの端末でYahoo!ニュースを開いてみてください。

羅列するニュースのテイストが違うことに気づくと思います。

私たちがインターネットで何か情報を閲覧しているとき、裏側では「この人は旅行が趣味だから、旅行のときに役立つ情報を提供しよう」「今スーツを買おうとしているから、スーツが売れやすいように広告をたくさん表示しよう」というような動きが起こっています。

芸能ニュースばかり見ている人には芸能ニュースが、経済ニュースばかり見ている人には経済ニュースが表示されるはずです。インターネット上で何らかの情報を求めると、アルゴリズムによってそれに類似する情報ばかりが表示されるのです。

この機能を「**フィルターバブル**」と呼びます。泡に包まれたように、自分が知りたい情報や見たい情報にしか触れられなくなるというわけです。フィルターバブルは知りたい情報に関連する情報が得やすくなって便利な反面、それ以外の情報が入ってきにくくなるという弊害があります。

実は、このフィルターバブルはインターネットの世界だけでなく、リアルの世界でも起きています。

同じ業界の人とだけ接する、同じ会社の人以外とはほとんど話さない。社内でも関連する部署の人とはよくコミュニケーションを取るけれど、関連性の薄い部署のことはほとんどわからない。このように現実世界でも何気なく過ごしていると、特定の人とだけ関わることになります。その結果、自分の周りに集まってくるのは、自然と似た価値観の人になっていきます。

そうすると、**現実世界でもネットの世界と同じようにフィルターバブルが生じてしまうため、自分にとって心地よい情報しか選べなくなってしまう**のです。

それによって何が起こるのでしょうか？

自分の信念や価値観を肯定する人ばかりが集まり、自分の信念や価値観が正解であるという意識がさらに強まっていくのです。

これをネットの世界では「**エコーチェンバー**」と呼びます。よくSNSなどで、同じ価値観を持つ人同士でリプライをしている様子を目にすることがありますよね。同じ価値観の人が集まって心地よいだけならいいのですが、ときに非常に排他的で過激な発言が散見されることがあります。**思想が過激化して、他者を攻撃するという**

行動に出てしまう危険性もあるのです。

こうした危険から身を守るためにも、疑う思考はとても役に立ちます。疑う思考を高めることによって、多角的に物事を見ることができるようになるのです。

疑う思考に必要な批判力

疑うことを悪いことだと思っていると、思考力を高めることはできません。しかし、何でも疑うことも、思考力を高めるとは言えません。

私たちに必要なのは、多角的な視点で物事を疑うことです。

「多角的に物事を疑う」とは、異なる視点から情報や主張を検討し、その信憑性や論理的整合性を評価することです。このアプローチでは、一面的な見方に囚われず、多様な視点から物事を考察し、より深い理解と合理的な判断を目指します。

多角的に疑うための具体的なアプローチを4つ紹介します。

- **異なる情報源を探索する**：同じトピックについて、異なる情報源からのデータや意見を収集する

- **背景を理解する**：主張されている内容の背景や文脈を理解し、その影響を評価する
- **仮説を設定し、検証する**：物事の解釈に対する仮説を立て、証拠をもとに検証する
- **論理的思考を適用する**：論理的に一貫した推論を用いて、情報の妥当性を評価する

例えばプレゼン資料を作るときや、会議やミーティングを行うとき、社内の問題点を洗い出して解決法を探るときなどには、疑う思考を使いながら取り組んでいきます。

１人で疑う思考を使うにせよ、他者との会話で使うにせよ、疑う思考を活用するにあたって、知っておいてほしいことが１つあります。それが、**「非難」と「否定」そして「批判」を区別する**ことです。疑う思考は、非難や否定とは一線を画するものであることを知っておきましょう。

「非難」をいろいろな辞書で引いてみると、「人の欠点や過失などを取り上げて責めること」と書かれています。**非難には、人を傷つけようという意思があります。**悪口

や愚痴、誹謗中傷、失敗を責める、けなす、攻撃するという行為が非難です。

他人だけでなく、自分に対しても「私はバカだ」「私はダメなやつだ」と自分を攻撃をすることがあります。これは自己非難です。

誰かに「だからお前はダメなんだ」と言われたとき、その発言に対して多くの人は「ありがたいな」「学びがあるな」とは思わず、ただ傷ついてしまうのではないでしょうか。他者に対しての非難はもちろん、自分に対しての非難も生産性がなく、そこからは何も生まれません。

著名人のSNSが炎上し、コメント欄に否定的なコメントが殺到するという事態は頻繁にありますね。中には目を覆いたくなるような酷いコメントもあったりします。匿名で送られてくるこうしたコメントのほとんどが「非難」です。

続いて「否定」についてです。「否定」をいろいろな辞書で引いてみると、「そうではないと打ち消すこと。また、非として認めないこと」とあります。**否定は、「○○さんに仕事を頼んでも仕方ない」「指摘しても変わるはずがない」というように、相手のことを見極めることなく自分本位に決めつけてしまっている状態**です。

非難と同じく、否定も自分に対してしてしてしまうことがあります。「どうせうまくいかない」「どうせ成功しない」というような場合を自己否定していると言います。

非難や否定と似ているようでいて、全く異なるのが「批判」です。**批判力とは、物事を立体的に見る力**です。「批判」を辞書で引いてみると、このように書かれています（精選版 日本国語大辞典から引用）。

1 物事に検討を加えて、判定・評価すること。

2 人の言動・仕事などの誤りや欠点を指摘し、正すべきであるとして論じること。

3 哲学で、認識・学説の基盤を原理的に研究し、その成立する条件などを明らかにすること。

研究者が論文を書くときには、先行研究を調べ、先行研究について「それって本当？」「この角度から見ても成立するのだろうか？」と、意見や情報を批判しつつ、新しい論理を展開することがよくあります。研究に対して批判が行われることによって、その研究が磨かれ、結果として学問の進歩につながっています。つまり、**批判には生産性がある**のです。

さらに**批判には、当事者が気づいていないことを指摘するような意味合いもあります。**例えば仕事が遅い人に対して、「どうしてこんな簡単なこともできないんだ」と言うのは非難に当たりますが、批判の場合は、「こういうところが原因で仕事が遅くなっているのではないだろうか」と指摘するようなイメージです。

本人に見えている視点とは別の視点から物事を見てフィードバックするので、新たな視点を本人に提供し、進化や成長の機会を与えることができます。

このように、同じ現象に対しても、非難・否定・批判では、かなり現象が違うことがわかります。

自分1人で何かを考えるときにも、それぞれを分けておくと、思考力が高まります。仕事で何かにチャレンジしたいと思ったとき、この3つの違いを知っていれば、「自分にはできない」「自分はなんてダメなんだ」ではなくて、「こういう部分が足りていない」と自分に対して批判力を使うことができるからです。

ボールで遊ぼうとしたとき

失注したとき

非難

本当に仕事
できないなー

否定

君が
これをやるのは
ムリだ

批判

そうですね
リサーチが
足りなかったんじゃ
ないか？

私たちが仕事をするとき、業務内容によって関わる人の数が変わってきますね。1人でできる範囲の仕事もあれば、10人、20人でチームを組んで進めなければならない仕事もあるでしょう。

関わる人数が増えれば、できることの規模が変わってきます。1人でできる仕事なら、「それって本当？」と自分に対して問いかけながら進めていけばいいのですが、関わる人数が増えれば増えるほど、この「批判力」をうまく使うことが大切になってくるのです。

批判が活発に行われるほど、違う角度から物事を見るチャンスが増えることにつながります。批判ができない関係性や環境では視野が偏ってしまい、新しいアイデアが生まれません。

ちなみに、批判をする際には、建設的なやり取りをする土台があること、つまり相手も受け止める準備ができていることが大前提です。

このあたりについて、詳しくは6章で解説をします。

第2章

「疑う思考」の基本となる3つの思考法

■

疑う思考は、3つの思考法をもとに構成されている

私たちは日常、数えきれないほど多くの情報に接します。その中から真実を見極め、有効な決断を下すためには、単に情報を受け入れるだけでは不十分です。そこで、疑う思考を身につけて視点を増やし、物事を多角的に見られるようにします。疑う思考が身につくと、次のようなことが起きてきます。

・世間に振り回されずに本質を見抜くことができるようになる
・周りの意見に流されなくなる
・今まで思いつかなかったアイデアが思いつくようになる
・これまでより自社サービスの商品に対する理解度が深まり、セールスの数字が変わってくる

2章では、疑う思考のロジックを解き明かしていきます。疑う思考を高めるためには、ロジカルシンキング、ラテラルシンキング、クリティカルシンキングという3つの思考プロセスが不可欠です。これらを駆使することで、私たちは情報を多角的に分析し、より賢明な判断を下すことができるようになるのです。

まずは簡単に、この3つの思考プロセスについて見ていきましょう。

●ロジカルシンキング：情報の整理と構造化

ロジカルシンキングは、情報を整理し、それを論理的な構造に落とし込む技術です。この思考法は、複雑な問題を小さな部分に分解し、それぞれの要素がどのように関連しているかを明確にします。

ロジカルシンキングは情報の整理に長けていますが、その情報の正当性や妥当性を評価することは得意ではありません。そのため、ロジカルシンキングだけでは、情報が真実であるかどうかを判断することは難しいと言えます。

●ラテラルシンキング：創造的な問題解決

ラテラルシンキングは、従来の枠組みから外れた思考を促すことで、新しいアイデアや解決策を生み出す技術です。これは、問題に対して一方向からではなく、さまざまな角度からアプローチを試みることにより、思考の幅を広げることを目指します。

この思考法は、固定観念に囚われない柔軟な思考を促しますが、新しいアイデアが必ずしも実用的・効果的であるとは限りません。したがって、ラテラルシンキングで生み出されたアイデアを評価し、有効性を判断するためには、別の思考プロセスが必要です。

●クリティカルシンキング：情報の評価と判断

クリティカルシンキングは、情報を批判的に評価し、論理的な判断を下すための技術です。この思考プロセスでは、情報の信頼性、根拠の強さ、論理的一貫性を慎重に検討し、誤りや偏見を見つけ出します。

ロジカルシンキングによって整理された情報と、ラテラルシンキングによって生み出された新たな視点を組み合わせ、それらを総合的に評価することで、真実に近づくことができます。

●3つの思考を組み合わせることで得られる相乗効果

ロジカルシンキング、ラテラルシンキング、クリティカルシンキングは、それぞれが独立した価値を持ちながらも、互いに補完し合い、絡み合うことによって、私たちの思考能力を格段に向上させます。

ロジカルシンキングによって情報が整理され、ラテラルシンキングによって新たな視点が提供されると、クリティカルシンキングによる深い分析と評価が可能になります。これら3つの思考技術を日常生活や仕事に応用することで、私たちはさまざまな状況で、より良い選択をすることができるようになるのです。

例えば、新しいプロジェクトが会議で提案されたとき、まずはロジカルシンキングを使ってプロジェクトの構造を理解します。

そして、ラテラルシンキングを使って創造的な解決策を探ります。

さらに、クリティカルシンキングを使って提案の実現可能性を評価することができます。

このように3つの思考プロセスを統合することで、より包括的で、バランスの取れた視点を持つことができます。そしてその結果、より良い意志決定が可能になるのです。

「疑う思考は3つの思考で構成されている」ということを理解し、実践することは、私たちが直面するあらゆる情報や状況に対して、より深く、より広く、そしてより公正にアプローチするための鍵となります。

ロジカルシンキング、ラテラルシンキング、クリティカルシンキングの3つをバランス良く駆使することで、私たちは真実を見極め、有効な決断を下す能力を大きく高めることができるのです。

それでは、3つの思考法をそれぞれもう少しずつ解説していきます。

ロジカルシンキングとは

ロジカルシンキングとは、物事を深く、かつ素早く考えてわかりやすく伝えるために、体系的に筋道を立てて考える力のことです。油田を掘り当てるように、直線に深く掘り下げていくようなイメージです。また、ロジカルシンキングのことを「**論理的思考**」や「**垂直思考**」とも言います。

ビーズがテーブルにバラバラと散らばっている様子をイメージしてみてください。散乱しているビーズを、ほうきやちりとり、掃除機などを使わずに手だけで拾おうとすると、とても大変ではないでしょうか。しかし、そのビーズがワイヤーでつながっていたらどうでしょうか？　ワイヤーの端と端を持てば、すべてのビーズを持ち上げることができますよね。

情報も同じです。**情報がバラバラで整理されていないと扱いづらいものですが、因**

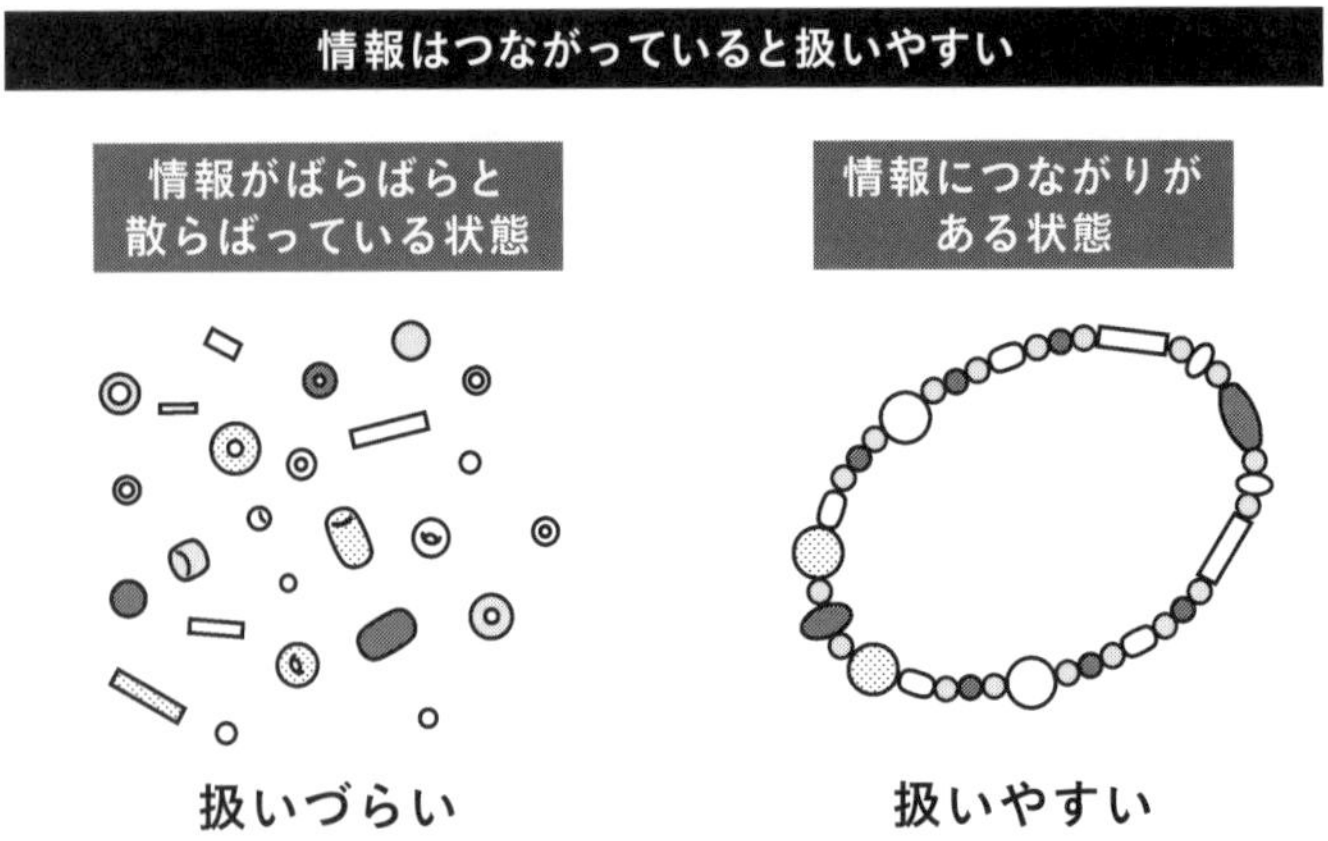
情報はつながっていると扱いやすい
情報がばらばらと散らばっている状態
情報につながりがある状態
扱いづらい
扱いやすい

果関係があり、つながりがある状態だと扱いやすくなるのです。ロジカルシンキングは、この「つながり」を見つけるための思考法です。

神戸の魅力を論理的にアピールしてみよう

私が生まれた兵庫県神戸市は、異国情緒あふれる港町として毎年多くの方が観光に訪れる街の1つです。

神戸はとても素敵な街なのですが、仮に「神戸ってすごくいい街なんですよ」と言われたとしても、おそらく神戸の魅力は伝わらないはずです。

そこで、「どこがそんなに魅力的なの？」

情報を構造化する①　情報を書き出す

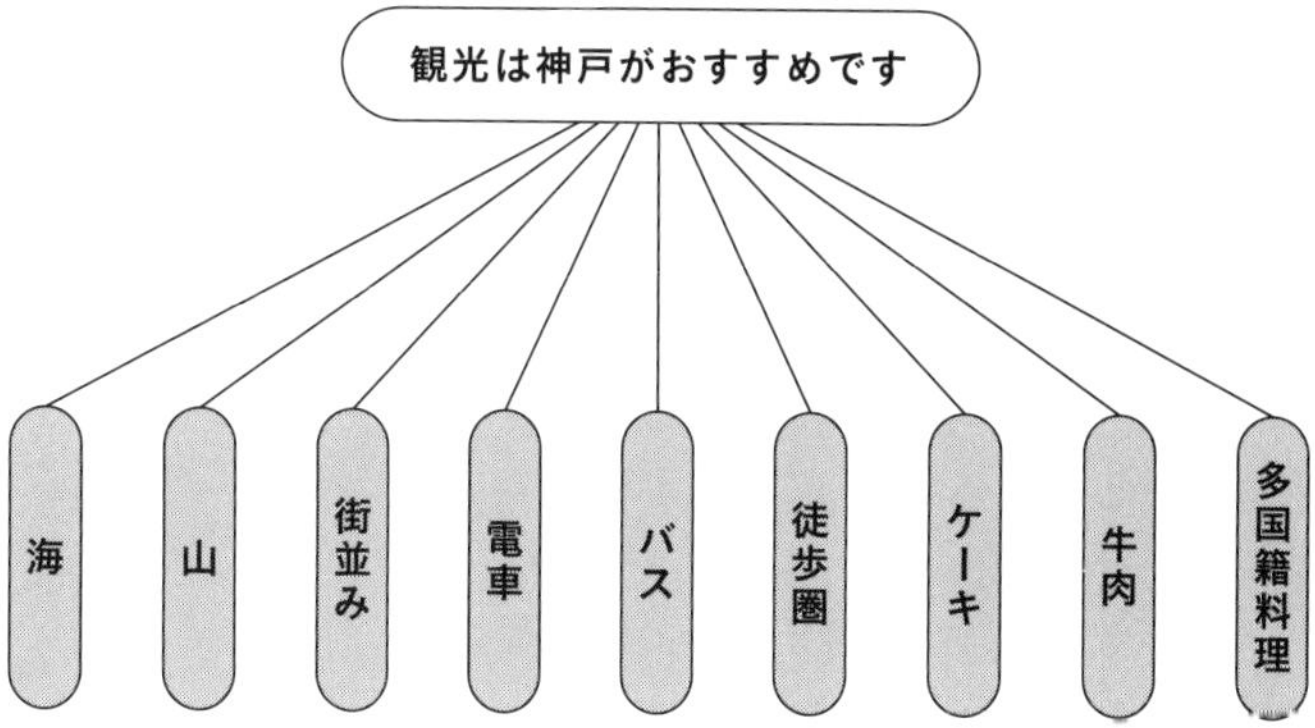

と不思議に思っているBさんに対し、Aさんが神戸の魅力について伝えることにしました。

Aさんは神戸の魅力については熟知していますが、頭の中で情報が整理されていません。「海もあるし山もあるし、すごくいい街です。あっ、そうそう、ケーキがすごくおいしいし、大阪からも近いのよ」「牛肉もあるよ、高いけど」「それからええと……」。魅力について話している途中で、言葉に詰まってしまいました。

このように話されたとしたら、おそらくBさんは頭がこんがらがってしまうのでは

情報を構造化する②　共通点ごとにまとめる

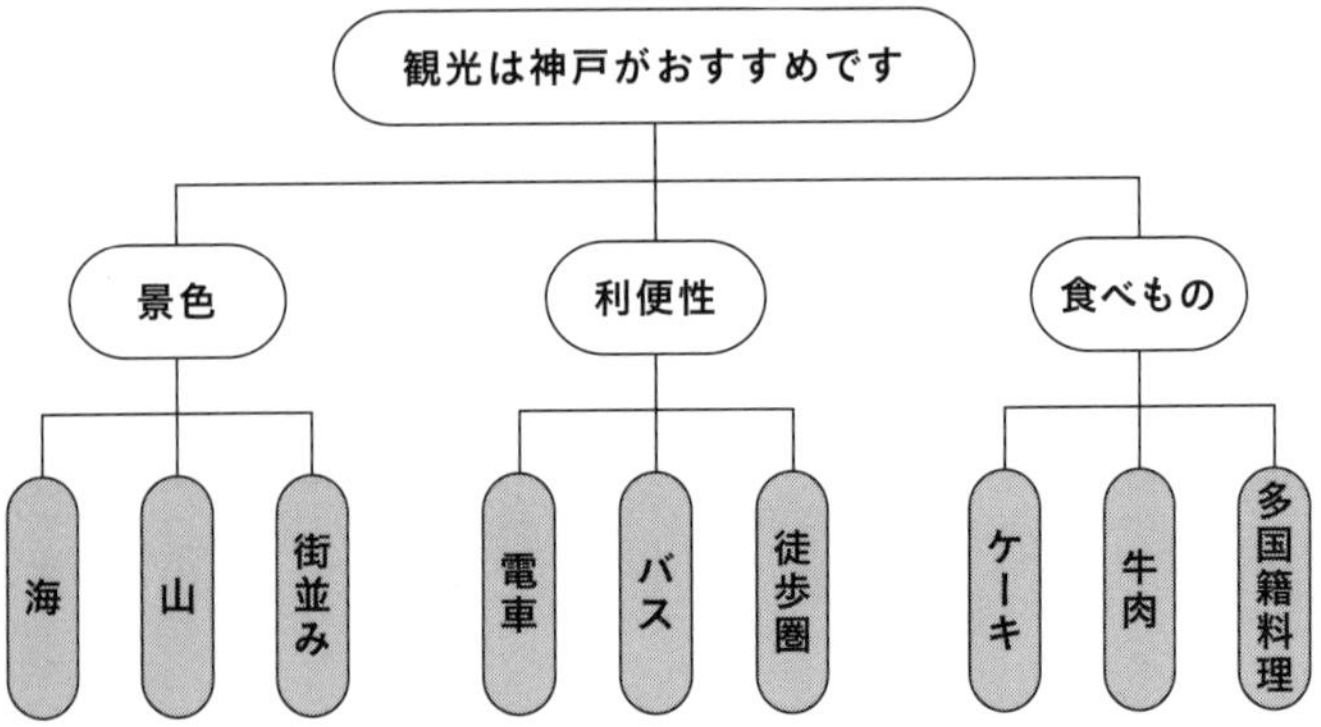

ないでしょうか。「それで、結局、神戸って何がおすすめなの？」と思ってしまいますよね。

では、ロジカルシンキングを使って、Aさんの脳内にある情報を整理してみましょう。まずは、Aさんが思っている「神戸のおすすめポイント」を書き出していきます（前ページの図参照）。

この状態は、Aさんの脳内の情報をただ書き出しただけの状態です。この状態でAさんが話をしようとすると、先ほどのようにバラバラにいいところを伝えるような話し方になってしまいます。

そこで、おすすめポイントの共通点を探してみます。

「海」「山」「街並み」は、「景色が良い」という共通点が見えてきますね。

「電車」「バス」「徒歩圏」は、「交通の便が良い」という共通点がありそうです。

「ケーキ」「牛肉」「多国籍料理」は、「おいしいものが多い」というくくりでまとめられそうですね。


さあ、ではこれをもとに、神戸の魅力を伝えてみましょう。

「神戸観光、すごくおすすめよ。ポイントは3つある。景色がいい、便利、食べものがおいしい。まず、景色がいいってことだけど、海と山が近いこと。そして街並みが新旧融合していることがその理由。次に便利さについてだけど……」


このように話されたら、神戸の魅力がスッと頭に入ってきませんか？　それだけでなく、「利便性ってどういいんだろう」「食べものって何がおいしいのかな」と、話の続きが気になってくるのではないでしょうか。

最初に「景色がいい、便利、食べものがおいしい」という3つのポイントを挙げたことによって、聞いている側は「これからこの3つについて話をするんだな」と予測が立てられるので、安心して聞き続けることができるのです。

ロジカルシンキングを活用することで、情報を整理し、何を伝えるべきかが明確になります。これにより、相手が理解しやすいようにわかりやすく伝えることができるのです。

例えば上司にその日の進捗について報告するとき、「報告したい点は2点です」と最初に全体図を示した上で話し始めるのと、思いついた順に話し始めるのとでは、上司が抱く印象は全く変わってくるはずです。

情報を整理して伝えられるようになると、あなたに対する周りの評価も変わってきます。

■ロジカルシンキングの活用例

先ほど、神戸の良さを伝えるためにおすすめのポイントを整理していきました。これは、「神戸がおすすめである」という結論が明確になっていたパターンです。

しかし、情報を深く掘り下げて分析する過程で、実は当初の結論が最適ではないことに気づく場合があります。

このような状況では、先に結論を設定するのではなく、まず神戸の特徴や利点、欠点を詳細に書き出し、それらの情報から共通点を見つけ出します。そうして、自分が本当に伝えたいことが何なのかをもう一度考えることが重要です。

情報から主張を導き出すプロセスを経ること、つまり下から考えることは、曖昧な状況や自分の頭が整理されていないときに、適切な判断や解決策を見つけるための強力な方法です。

このアプローチは、観光地の推薦に限らず、自分の考えが不明確である場合や、周

目的によって情報整理のやり方は変わる

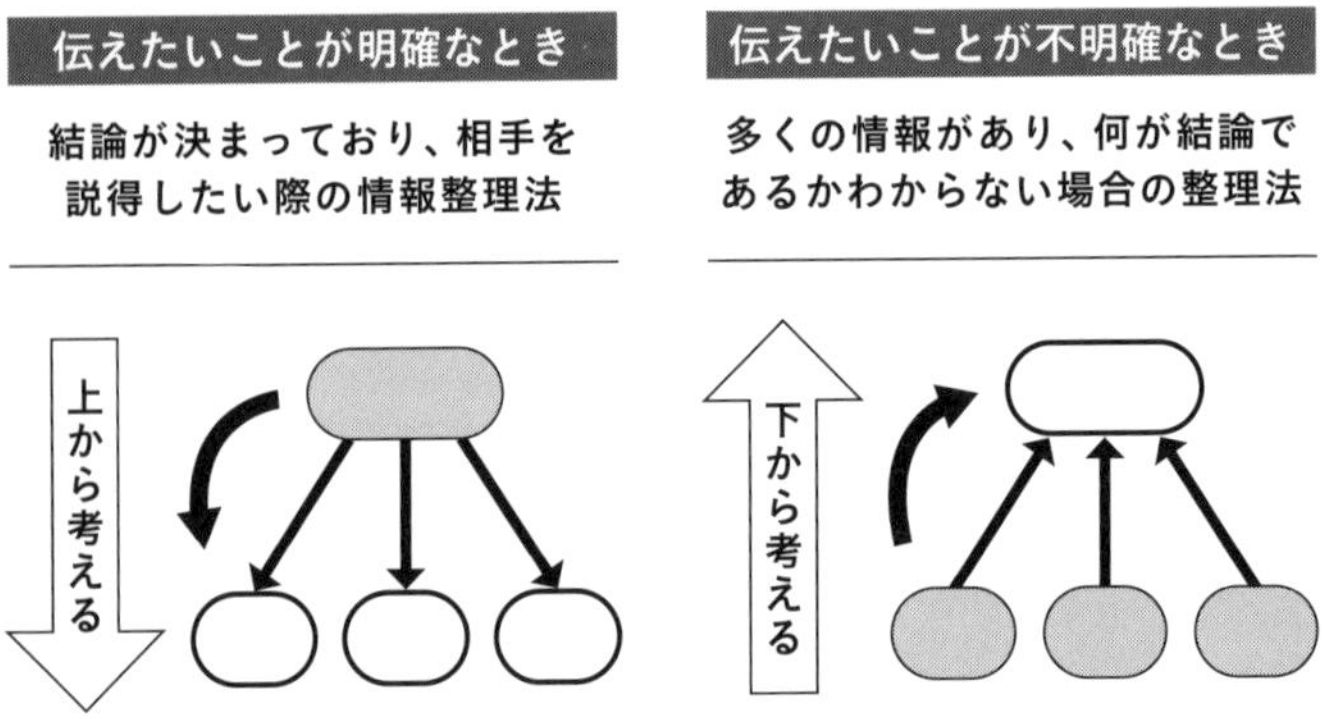
伝えたいことが明確なとき
結論が決まっており、相手を説得したい際の情報整理法
上から考える
伝えたいことが不明確なとき
多くの情報があり、何が結論であるかわからない場合の整理法
下から考える

囲の状況が把握しきれていない場合に特に有効です。

自分の思いや周囲の状況が不確かなときは、まず情報を広く収集し、その情報から結論を導き出す「下から上へ」のアプローチの方が、より洞察に富んだ結論に導くことができるのです。

その他にも、**ロジカルシンキングには「自分が最も伝えたい結論を明確化できる」「頭の中が整理できるので悩みが減る」といったメリットがあります。**

例えばあなたがセールスパーソンなら、ロジカルシンキングを身につけることによって自社の商品やサービスの魅力をより良く伝えられるようになります。

論理と非論理の違いとその実例

「論理的」と言うと、「難しくて私には無理」と考えてしまう人が結構います。しかし、さまざまなところで人は論理的に情報を整理しています。

例えば、お昼に６人でランチを食べに行ったとします。

Aさん：私、日替わり定食
Bさん：私はハンバーグ定食
Cさん：私は焼き魚定食
Dさん：日替わり定食１つ
Eさん：私も日替わり定食
Fさん：私は焼き魚定食

このようにそれぞれが好き勝手に注文すると、情報を整理するのはとても大変です。そこで店員さんが「日替わり定食が3つ、焼き魚定食が2つ、ハンバーグ定食が1つですね」と注文をまとめて確認しました。

これが非論理と論理の違いです。非論理とは口々にランチメニューについて言っていた状態であり、情報が整理されていない状態のことです。

この店員さんのように情報を整理して考えることが、論理的に考えるということです。

ちなみにロジカルシンキングには複雑な問題を分解し、物事を小さく分けて考える「ロジックツリー」と呼ばれる型や、一番大切な考えを明確にするために情報を三角形に積み上げて考える「ピラミッドストラクチャー」と呼ばれる型があります。

細かく見ていくと他にもいろいろなルールや型があるのですが、今回はそこまで深く考える必要はありません。「ロジカルシンキングってこうやって情報を整理するものなんだ」という感じで、ざっくりと理解を進めていきましょう。

「おもしろい！」「もっと知りたい！」と思ったときは、ロジカルシンキングについて詳しく書かれている本がたくさん売られていますから、それらを参考にしてみてください。

もれなくダブりなく伝えることで、情報を明確にわかりやすく伝えられる

商品やサービスをプレゼンするときには、「なぜその商品やサービスが良いのか」という根拠が言えなければ説得力がありません。

「この商品がおすすめなんです」「なぜですか?」「なんとなく」。これでは、誰もその商品を買ってくれるわけがありませんよね。これはセールスシーンだけではなく、上司に報告したりミーティングで発言したりするときも同じです。「それはなぜ?」と聞かれたときに「なんとなく」では話になりません。

ロジカルシンキングを使って論理を構造化することができれば、根拠をわかりやすく伝えることができるようになります。

このときに役に立つのが「**MECE**（ミーシー）」と呼ばれる考え方です。「**MECE**」とは、**もれがない・重複していない・ずれていないという意味**です。

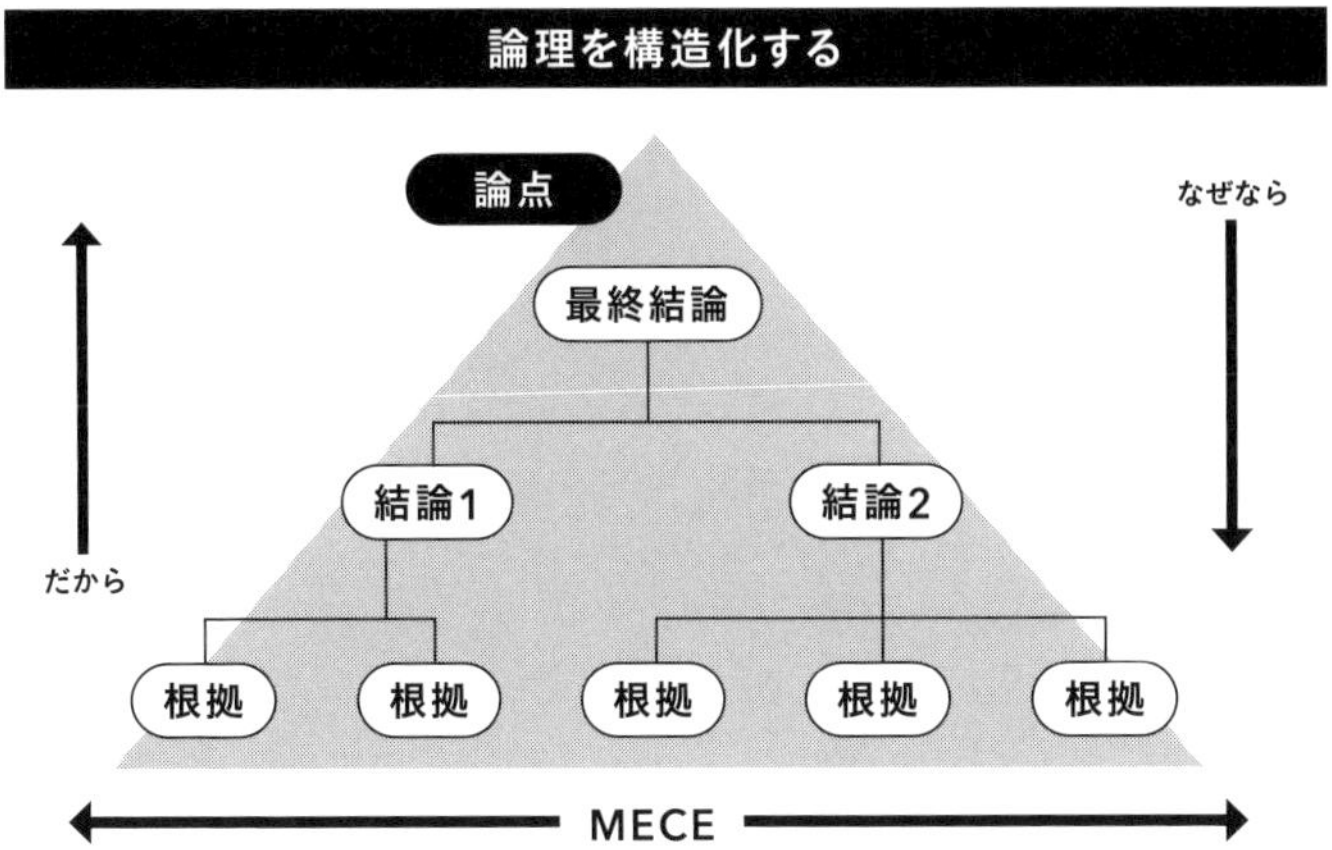

例えば先ほどの神戸の例で、Aさんがこう言ったとします。

「おすすめポイントは3つです。おいしい食べものがあること、景色がいいこと、おいしい食事ができることです」

このように言われたら、「えっ、3つって言ってるけど今の説明は実質2つだよね？」と思いませんか？　おいしい食べものがあることと、おいしい食事ができることとはダブっていると聞き手は感じるからです。

「この商品がおすすめです！」とプレゼンしたときに、なぜその商品がおすすめなのかという理由が答えられないのは、「もれ」

に当たるためMECEではありません。また、最初はAという商品について話をしていたのに、いつの間にかBの商品の話をしていた、というようなときも、「ずれ」が出ているためMECEではありません。

このように、情報がダブっていたり、もれがあったり、ずれていたりすると、聞いている方は理解しづらいのです。**情報をもれなくダブりなく伝えることによって、相手に明確にわかりやすく伝えることができるようになります。**

MECEで情報を分けるときには、いろいろな角度から行うことができます。例えば「国内と海外」「先生と生徒」「年齢」「大きさ」などです。

注意したいのは、**分け方に絶対の正解はない**ということ。

例えば「男と女」という分け方は一昔前はMECEでしたが、今はどうでしょう？今、性別は男女だけではなく、LGBTQという観点を考慮に入れる必要があるのではないでしょうか。

旅行先について「国内と海外」はどうですか？　正しい分け方でしょうか。もしかしたらあと数年後には、「宇宙」という選択肢が加わるかもしれません。

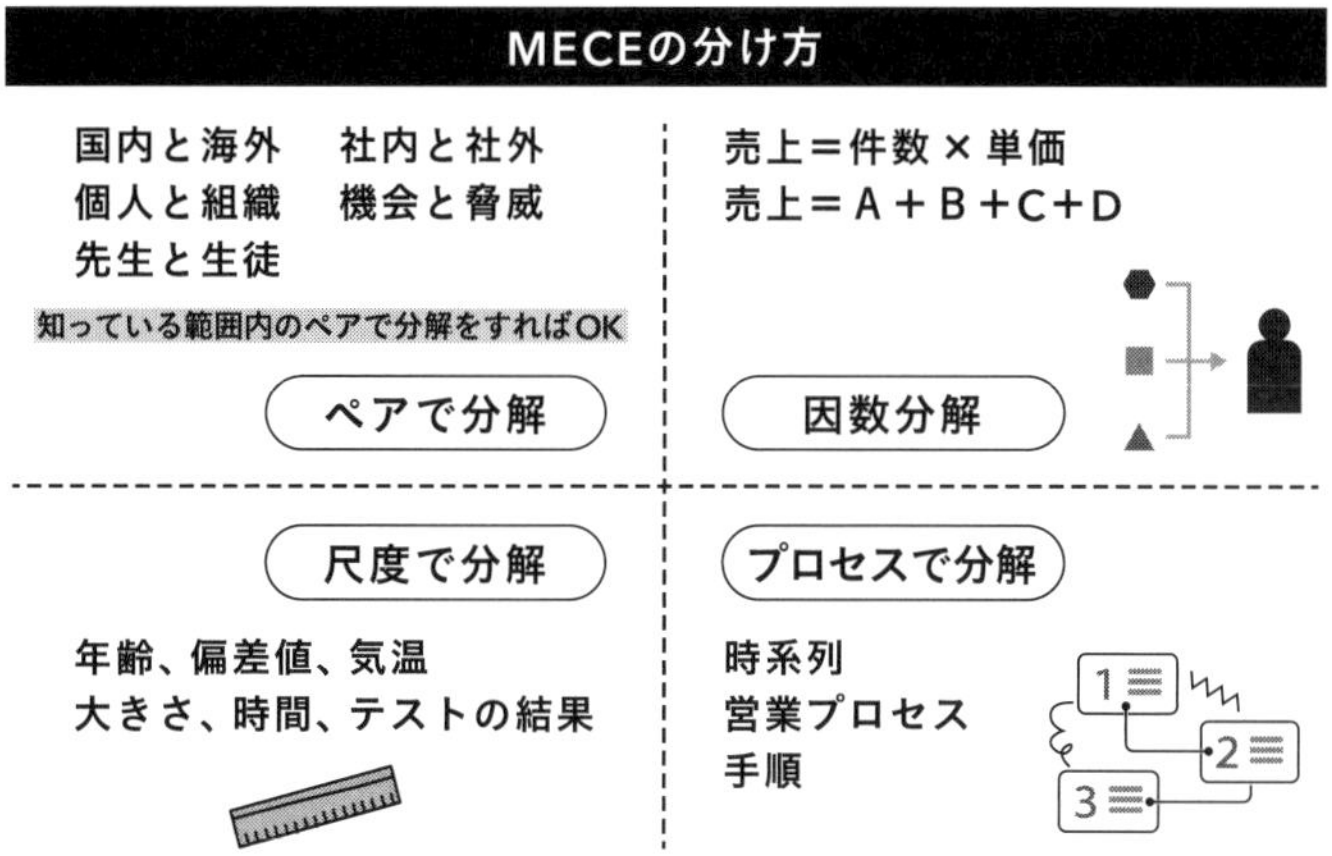

このように、MECEも絶対の正解があるわけではありません。時代の流れによっても変化するので、情報を分類するときには、「現時点でMECEだろう」とあなたが思う分類で構いません。

■ラテラルシンキングとは

疑う思考を構成する3つの思考法のうち、2つ目の思考法が「ラテラルシンキング」です。

ロジカルシンキングは、1つのことについて深く掘り下げたり、バラバラになっている情報を整理したりします。

それに対して**ラテラルシンキングは、それまでの自分の考え方や見方、常識などに囚われず、自由に発想を広げていく思考法**です。ロジカルシンキングのように深く掘り下げるのではなく、発想力を使いながら、どんどん思考を横に広げていくようなイメージです。

ラテラルシンキングを体験していただくために、いくつか有名なクイズを紹介します。楽しみながら解いてみてください。

ロジカルシンキングとラテラルシンキングの関係

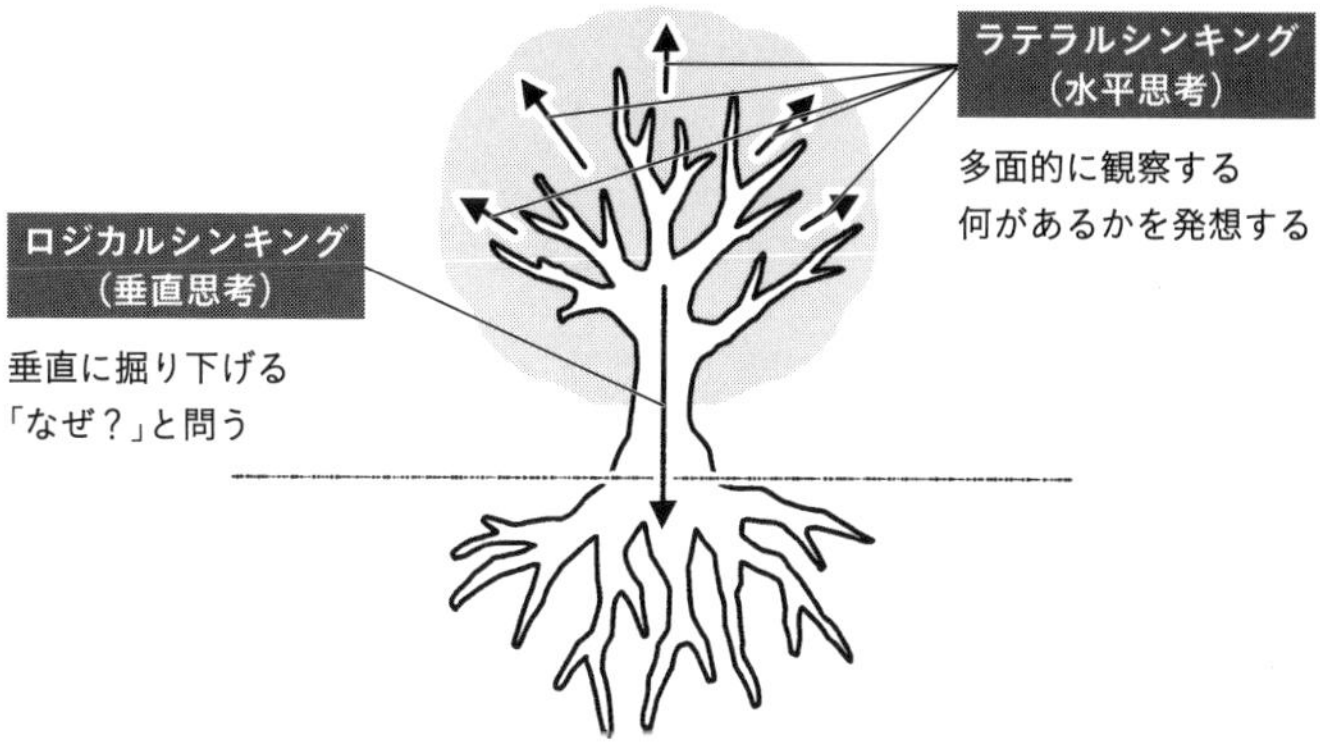

クイズ1

【質問】

ある男が、海の見えるあるレストランで「ウミガメのスープ」を注文しました。男はウミガメのスープを一口飲んだあと、すぐにシェフを呼び、「これは本当にウミガメのスープですか？」と尋ねました。シェフが「これは、間違いなくウミガメのスープです」と答えました。すると男はレジで会計をすませて店を去り、帰宅後に自殺しました。

男はなぜ自殺したのでしょうか？

【ヒント】

・スープを飲むまでは、男は「死にた

い」とは思っていなかった
・男は1人でレストランにやってきた
・提供されたウミガメのスープには、毒などは混入されていない

【答え】

男はあるとき、仲間たちと海で遭難してある島に流された。その島には食料がなかったため、仲間たちは先に死んだ仲間の肉を食べて生き延びていた。
男は仲間の肉を食べるのを拒否していたが、男が餓死するのを心配した仲間が嘘をつき、「これはウミガメのスープだから食べなさい」といって仲間の肉のスープを飲ませた。
レストランで飲んだウミガメのスープとそのときに食べたウミガメのスープの味が違ったため、男はあのとき自分が食べたのが仲間の肉だったことを悟り、絶望して自殺したのだった。

正解できましたか？　これだけの情報量では、正解することはほぼ不可能ではない

でしょうか。このように、よくわからない部分についていろいろな情報を広げながら想像していく思考法がラテラルシンキングです。実際には、回答する人は出題者に対していろいろな質問をくり返しながら推理を重ねていきます。

このときに重要になってくるのが、どのような質問をするかです。仮説を立て、それを裏づけてくれる答えを探していく必要があります。例えば「ウミガメのスープを過去に食べたことがありますか？」という質問を思いつくと、答えに近づきそうですよね。

クイズ2

【質問】

次の9つの点を、4本の直線で一筆書きにして、すべてつないでください。

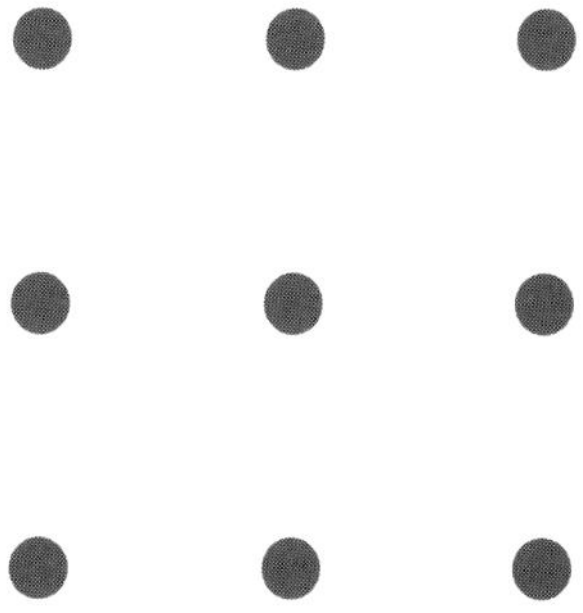

【答え】

無意識に、並んでいる9点をはみ出さな

いように直線を配置しようとした方も多いのではないでしょうか？

この問題は、大人よりも小さな子どもの方が正解率がかなり高いそうです。私たちが常識に囚われていることがわかりますね。


「ひらめき力」と呼ばれることもあるラテラルシンキング。常識に囚われない柔軟な発想力を身につけることができるため、VUCA時代に欠かせない力の1つです。

何かトラブルが起きたとき、「失敗」と捉えるのではなく、その現象を「チャンスかもしれない」と捉え直すことによって、新たな発想が生まれます。

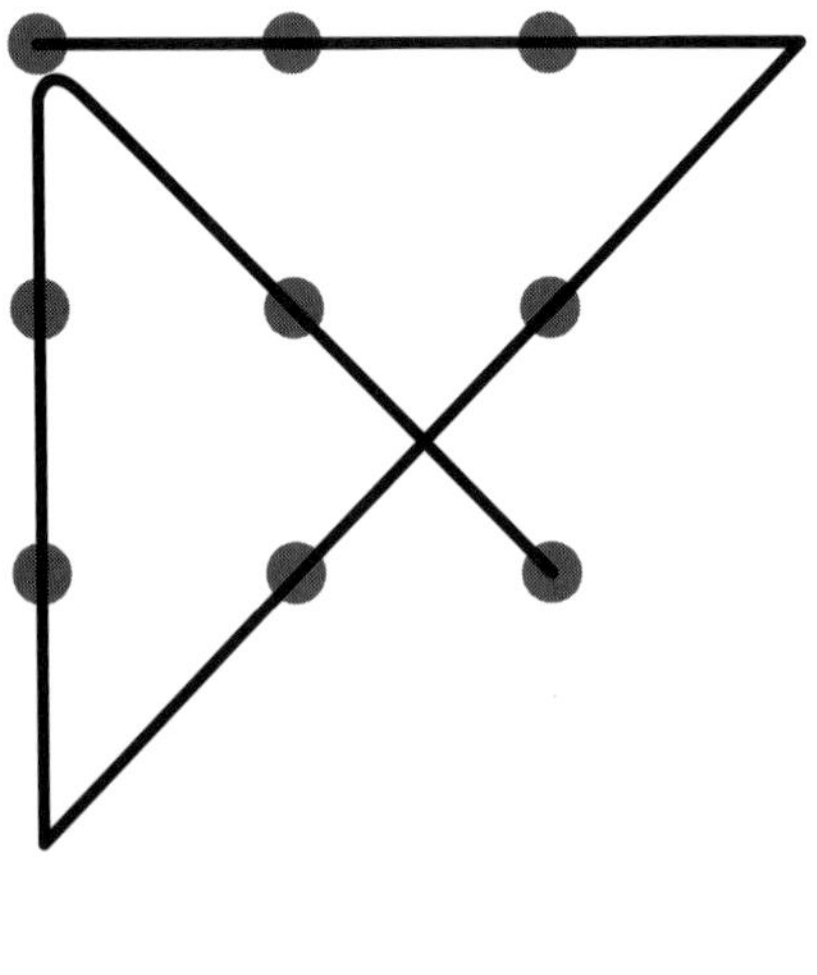

ロジカルシンキングとラテラルシンキングの限界と問題点

ロジカルシンキングとラテラルシンキングの違いについてイメージできましたか？
この2つの思考法が身につけば、思考力はかなり高まりそうです。
とはいえ、この2つの思考法だけでは、疑う思考としては不十分です。

ロジカルシンキングの大きな問題点は、「あたかも正しいことを言っているように見える」こと。理路整然と話す人と一緒にいると、その人の言っていることが正しいように思えてくることがあります。理路整然とした話は、論理が正しいように聞こえやすいのです。

しかし、**ロジカルシンキングはあくまでも情報を整理するだけで、それが正解であるかどうかは、また別の話**です。

ロジカルシンキングの限界について、先ほど述べた「神戸のおすすめポイント」を

情報を構造化する②　共通点ごとにまとめる

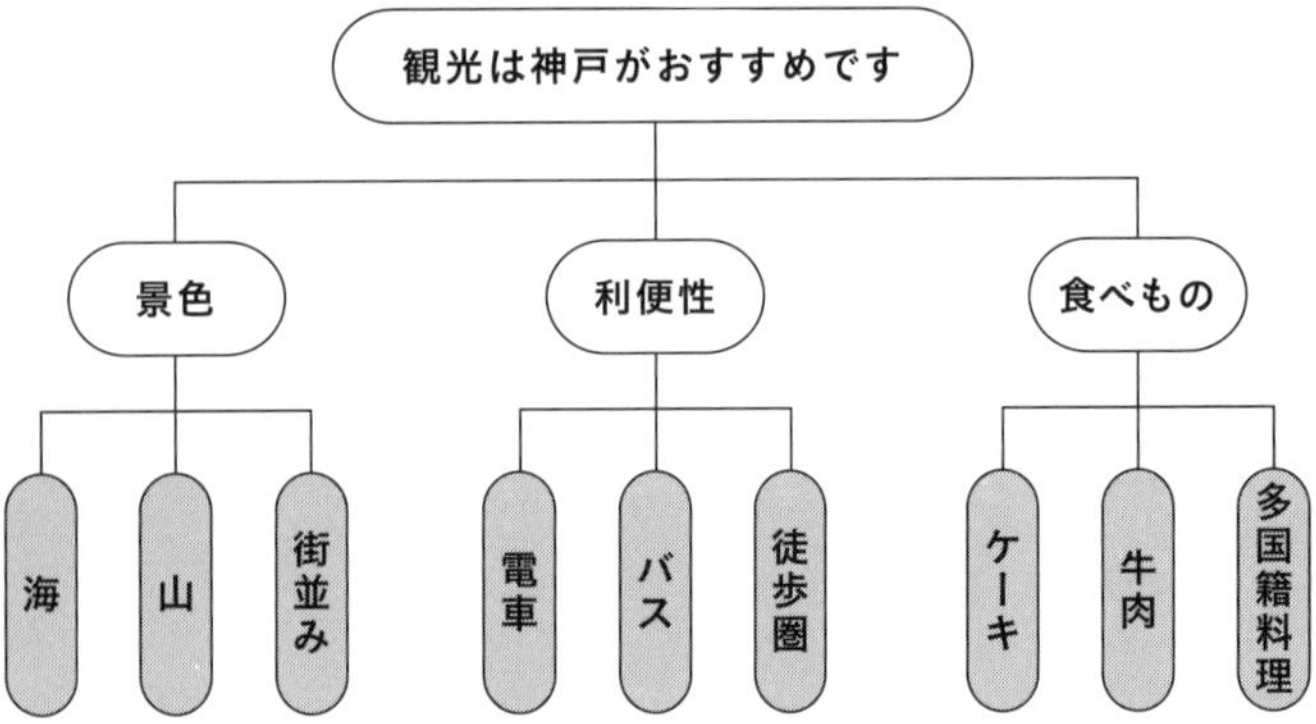

例に挙げて説明します。

66ページに載せた図をもう一度示しておきます。神戸のポイントをまとめた図です。この図を見ると神戸は魅力的なポイントがたくさんあって、完璧に近い街のように感じます。

しかし、神戸に住んでいる人や、神戸のことをよく知っている人からすると、実はここに挙げていることは、神戸の魅力とは言えないことも多いのです。おそらく神戸に詳しい人は、今強く頷いているのではないでしょうか。

例えば「食べもの」を見てみると、「いや、ケーキって神戸じゃなくて夙川《しゅくがわ》じゃない？　夙川は神戸に入らないんじゃない？」という意見が出てきたりします。「利便性」ではバスや徒歩が挙がっていますが、バスは時間が読めないという弱点があります。また、「徒歩圏内とはいえ、目的地まで20分、30分歩くとなると、利便性がいいとは言えない」という意見も出てくるはずです。

こうして見ていくと、神戸のおすすめポイントとして挙がっている項目が、正解であるとは限らないことがわかってきます。

それに、論理的に正しいように聞こえていたとしても、実は抜けがあったりもれがあったりします。**自分の思考にもれや抜けがあるのに正しいと思い込むことを「誤《ご》謬《びゅう》」と言います。**

自分が誤謬を抱いているとき、つまり勘違いしたままの状態では、物事を批判しても、的はずれな結果になってしまいます。A社の商談の準備をしているのに、実は商談はB社が相手だった、というようなものです。

誤謬を意図的にうまく使うことを詭《き》弁《べん》と言います。詭弁を使って、実際は論理的に

考えると正しくない情報を、あたかも正しいように思わせる技術はいくつもあります。

ロジカルに考えることは物事を正しく考えることだと思っている人は多いと思いますが、**ロジカルシンキングは、実は「見せたくないところを見せなくする技術」でもある**のです。

ロジカルシンキングはあくまでも、疑う思考を駆使するための土台を整えるためのもの。情報を整理して、テーブルの上に並べるのが役割です。

次にラテラルシンキングです。ラテラルシンキングは、物事を水平展開していくことによって斬新なアイデアを生み出すことができる思考法ですが、しばしば現実的ではない点が弱点です。

ラテラルシンキングを使って斬新なアイデアが浮かんでも、それを実現することが難しければ、問題は解決に進みません。**発想をどんどん広げていくことは得意ですが、収束して「つまりこういうことだ」という結論を導き出すことは苦手な思考法**と言えます。

ラテラルシンキングで着想したことをロジカルシンキングによって掘り下げていくというアプローチを重ねることで、アイデアを実現可能な企画に落とし込んでいくことができるようになります。

物事を三次元的に考えるクリティカルシンキング

疑う思考を構成する3つ目の思考法が、クリティカルシンキングです。

ロジカルシンキングが「縦に深く掘り下げる思考法」、ラテラルシンキングが「水平に広げていく思考法」だとしたら、**クリティカルシンキングは「疑うことによって、斜めに立体的に発想を広げていく思考法」**と言えます。

先ほどの神戸のおすすめポイントを例にすると、「本当に景色がいいの？」「本当に利便性が高いの？」「本当に神戸のおすすめポイントはこの3つなの？」と言って、ロジカルシンキングによって導き出された結論を疑っていくのが、クリティカルシンキングです。

また、ラテラルシンキングで出てきたアイデアに対しても、同じように「それって本当？」と疑うことにより、アイデアをさらに精査してブラッシュアップすることが

3つの思考法の関係

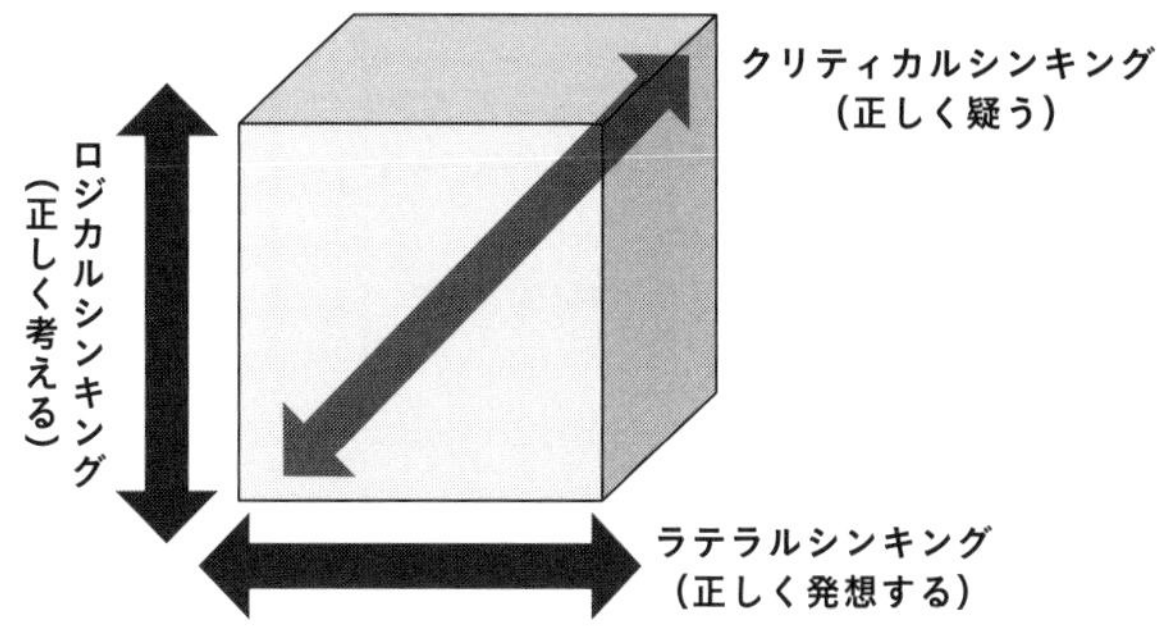
ものごとを理解または識別する能力＝吟味する能力

できるようになります。

クリティカルシンキングの第1段階が、枠の中で疑うこと。

お屋敷の図面が目の前にあることを想像してください。一見ただの図面ですから、それを見たときに、「あぁ、大きな家だな」だと感じるだけかもしれません。しかしよく見るとなんだか変です。使えない隙間があったり、窓がない部屋があったり、1つの部屋から出られないようになっていたりします。

「情報」に置き換えて考えてみることで、「この構造はおかしいのではないか」ということに気づくことができます。これは、情

変な間取り(例)

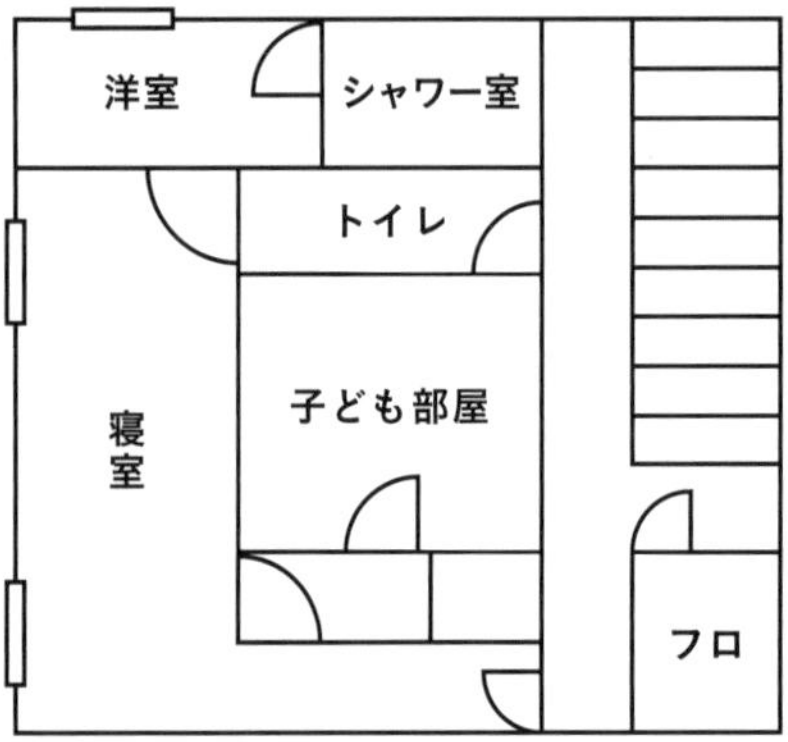

『変な家』に掲載されている間取りを参考に作成(実際のものとは異なります)

報の抜けやもれに気づくことに似ています。『変な家』(雨穴 著 飛鳥新社)という本が話題になりました。この本は、ある家の変な間取りをめぐるミステリー小説です。間取りについて推理し、想像をめぐらせることとクリティカルシンキングは似ています。「何かおかしいところはないか」「それは本当だろうか」と、疑うことから始まります。

あるメーカーで一番の売れ筋だった商品の売れ行きが急に悪くなってしまい、その原因と対策について考えなければならないとします。

売れ行きが悪くなった要因として、今目

の前に並んでいる情報を眺めて「本当にここにある情報だけが要因と言えるの？」と疑うことによって、今目の前にはない要因がある可能性を考えることができますね。

そこで視野を広くして調べてみると、次のような要因があることがわかってきました。

・ノーマークの会社が売り出した商品がヒットした
・ライバル社の商品が売上を伸ばした
・SNSで悪い評判が立っていた

これらの要因は、「本当にこれだけ？」と疑うことをしなければ、探すことすらしなかった情報かもしれません。

枠組みの中で疑うこと。これがクリティカルシンキングの第1段階です。

しかし、不安定で曖昧で、先の見通しが立たないVUCA時代には、枠の中だけで疑っているだけでは足りません。枠を越えて外に飛び出す必要があります。

「売上が下がっているというけど、それって本当？」とそもそもの前提を疑ってみると、「日本では売上が下がっているけど、東南アジアでは売上が伸びていた」という今までは見えてこなかった事実が見えてくるかもしれません。また、「全体で見ると売上は確かに下がっているけれど、購買層別に見てみると二極化が進んでいることがわかった」ということもあるかもしれません。

このように、**クリティカルシンキングを突き詰めていくと、そもそもの前提すらも「それって本当？」と疑っていくことになります。これが、クリティカルシンキングの第2段階**です。今までにない新しい商品やサービスを生み出したい場合には、この段階までクリティカルシンキングを深めていく必要があります。

疑う思考に最も近しいのが、クリティカルシンキングです。クリティカルシンキングを身につけることによって、さまざまな力が手に入ります。その一部を紹介します。

- **突破力**……事柄に対して明確な質問や疑問を投げかけられる力

- **情報分析力**……多角的かつ適切に関連する情報を集め、評価をすることができる力
- **構造力**……情報を整理し、何が関係あり、何が関係ないのかを整理することができる力
- **俯瞰力**……自分の考えと違う角度の考えを分け、客観的に物事を見ることができる力
- **対人適応力**……違う考えの人に対応する際、相手の考えを受け止め、自分の考えを適切に表現することができる力

■ 疑う思考を活用した事例

私たちが物事を多角的に考え、限界を突破して新しい解決策を探り当てるためには、ロジカルシンキングとラテラルシンキング、そしてクリティカルシンキングという3つの思考法を使いこなすことが重要です。

ロジカルシンキングは、情報を整理するためのもの。情報を整理することで、正しく疑うことができるようになります。一方、ラテラルシンキングで着想したアイデアを精査し、磨くためには、クリティカルシンキングが大いに役立ちます。

「このときにはロジカルシンキング」「このときはラテラルシンキング」というようにバラバラに使うよりも、すべてを組み合わせて使うことで大きな成果を上げることができます。

その一例として、ある小学校で10年以上続いていた学級崩壊が止まったという事例を紹介します。

3つの思考があることで全体像が見える

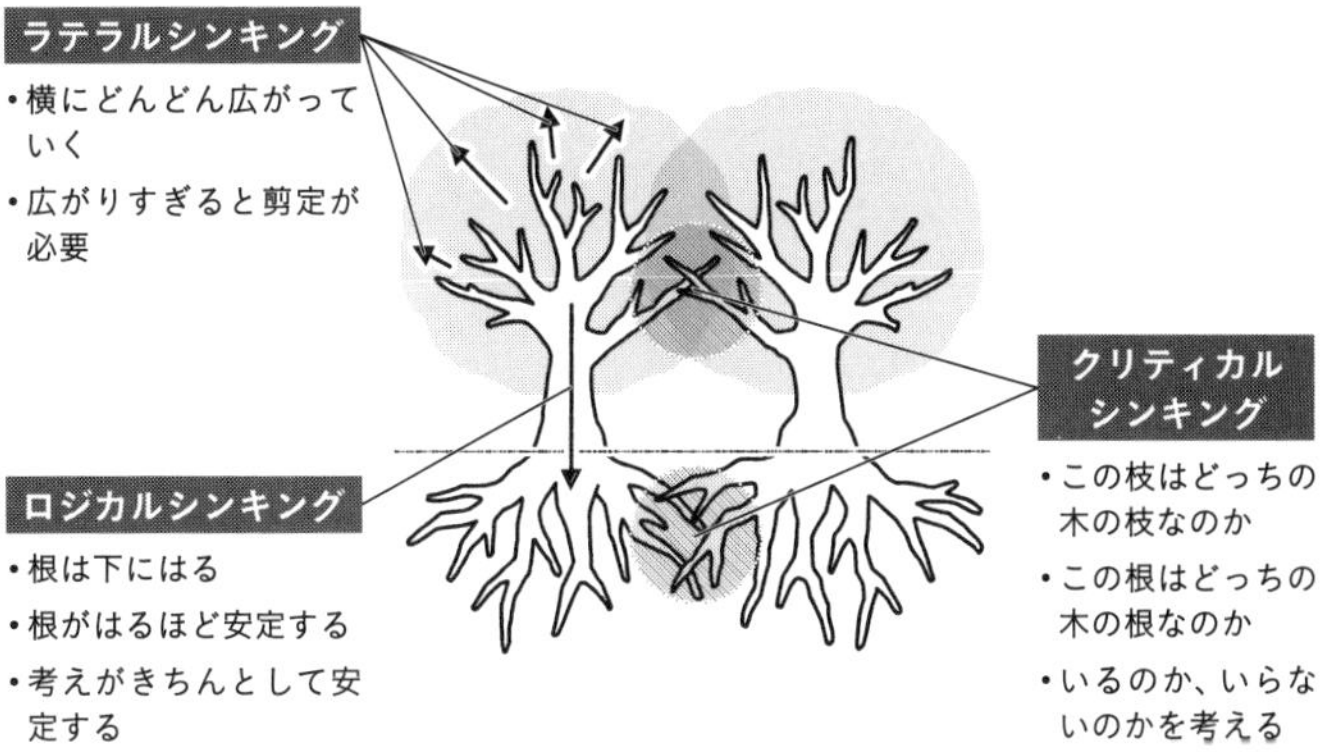
ラテラルシンキング
・横にどんどん広がっていく
・広がりすぎると剪定が必要
ロジカルシンキング
・根は下にはる
・根がはるほど安定する
・考えがきちんとして安定する
クリティカルシンキング
・この枝はどっちの木の枝なのか
・この根はどっちの木の根なのか
・いるのか、いらないのかを考える

その小学校では、十数年もの間、さまざまな学年で学級崩壊が続いていました。具体的には授業中にボールで遊びだす子がいたり、殴り合いのけんかが起きたり、教室から出ていってしまう子がいたりしました。不登校になる子どもたちも続出し、その状況を是正できる人が誰もいない状況でした。学級崩壊が10年以上続いていたために、学校側も保護者側も「この状況を解決することは不可能である」と思っていたのです。

その小学校に私の子どもが通うことになったことがきっかけで、私は家族で学級崩壊に向き合うことになりました。

まず行ったのが、ボトルネックを探すこと。**何が大きな問題になっているのかを探るため、ロジカルシンキングを使って現状を整理していきました。**

さらに、当事者である子どもたちに、どうなりたいかという「未来の状況」について確認します。

「このままクラスが学級崩壊したままだと、どうなると思う？」

子どもたちに尋ねると、「このままだと困る」という答えが返ってきました。そこで、学級崩壊をなくしてクラスを良くするためにはどうすればいいか、皆で考えていくことにしたのです。


当時、子どもたちの多くは、先生や学級崩壊を引き起こしているように見える子どもたちに対して「あの人が悪い」と考えていました。つまり、自分のクラスで起きている学級崩壊が自分事ではなく他人事だったのです。そこで、

「このまま行ったらみんなどうなると思う？」

「こうなったらどうしたらいいと思う？」

「じゃあ、もしこうしてみたらどうなると思う？」
「そもそもこれって、本当にそうなのかな？」
と、子どもたちに問いかけ、対話をしながら、いろいろな角度から考えていきました。

そうするうちに、子どもたちは「このままじゃダメだ」「自分たちで動こう」と考えるようになりました。最初の頃は「先生が悪い」「あの子たちが悪い」と考えていた子どもたちが、「先生が悪いわけじゃない」「私たちで何とかしていこう」という考え方に変わっていったのです。つまり他人事から自分事になったのです。

「この状況を解決しよう」と決めた子どもたちが次に行ったのは、仮説を立てることでした。ここで生きてくるのが、ラテラルシンキングです。

「『先生が生徒のお願いを聞いてくれない』と思っているけど、それは何でだろう？」
「どうしたら先生の授業がおもしろくなると思う？」

このように質問していくと、やがて子どもたちから「先生が授業をしやすくなるように、騒いでいる人がいたら注意する」「お互いに話をする機会を作る」というような解決策が飛び出しました。「騒いでいる人を注意すると、先生が授業をしやすくなるかもしれない」という仮説を立てたわけです。

実際は、立てた仮説がうまくいかないこともありました。

しかし、うまくいかなかったことについては、もう一度違う仮説を立てて実践してみました。こうして、問題のポイントをピックアップして、並べたり掘り下げたりしながら整理し、さらに、**「それって本当？」と疑いながら、多角的に見ていきました。**

問題に向き合って「こうしたらいいいんじゃないか」「AよりBの方が、もっといい方法なのではないか？」と試行錯誤しながら解決方法を模索することによって、問題がより自分事と捉えられるようになりました。そして、自然に問題解決のための行動に移すことができるようになったのです。

親たちも有志で加わり、最終的に市長や教育長を巻き込んでいきました。その結果、10年以上続いていた学級崩壊は、わずか1年足らずで学校から消えました。

それから数年が経ちますが、いまだにその学校で学級崩壊は起きていません。

子どもたち、つまり当事者が**「やっても無駄だよね」「変わらないよね」と長い間誰も疑わなかったことについて、「どうやったらできる？」と考えていった**わけです。

このエピソードをお話しすると、「岡さん（著者）が子どもたちを誘導して、上手に考えられるようにしていったから、学級崩壊がなくなったのではないですか？」と質問されることがあります。

確かにファシリテートをすることで、誘導することも可能です。しかし誘導はしていません。なぜなら、誘導されると、その方は「他人事」のままで、自分事として考えられるようにはならないからです。

私は子どもたちに対して、ただただ「それって本当？」と質問を重ねていっただけです。

このように、**3つの思考法をうまく活用しながら問題を解決するアプローチをとっていくと、問題が解決しやすくなります。**

さらに、問題が他人事ではなくて自分事になるのです。

自分の思考を言語化することの重要性

　皆さんは今、「推し」がいますか？　好きなアーティストでもアイドルでも、趣味でも構いません。何でもいいので、「今、とにかくこれにはまっている！」とか「推しのことを考えていると、時間がいくらあっても足りない！」と思えるものを挙げてください。

　思いつきましたか？　思いついたら、その「推し」を、誰か1人にすすめてみてください。家族でもいいですし、友人でも構いません。職場で隣の席の同僚でも、上司でもOKです。その方に布教するようなイメージで、「推し」の魅力についてプレゼンしてほしいのです。

　これができるようになると、仕事でもプレゼンの技術が上がったり、商談の成功率がグンと上がったりします。

「推しって説明しづらいな」と感じる方もおられるのではないでしょうか。推しは尊い存在であり、神だと言う人もいます。尊い存在の「推し」のことを、言葉で説明なんかできるわけがないと思う人もいるかもしれません。

でも、自分が感じていることを他人にも同じように感じてもらうためには、論理的に整理する必要があります。**情報を整理するということは、物事をはっきりさせるということ**でもあるのです。

私の研修でも、「私の『推し』はこの人です」と発表した人がいました。

その人に推しの魅力について尋ねたところ「見ればわかるじゃないですか。もうたまらないいんですよね。やっぱりすごいいんです」と言います。

でも、それでは他人には伝わりませんよね。

そこで、「なぜ自分がこの人に心が惹かれているのか」というポイントを整理してみます。

・いつからファンになったか
・どこでその人を見たのか
・心惹かれたのはどのようなことからか
・私がこの人のことを考えているとどのような状態になるか
・この人に出会う前と出会ってからでは何が変わったか

情報を整理していくと、「自分はこの瞬間にこの人を好きになったんだ」「この人のこんなところが好きなんだ」「いないときにはこうだった、出会ってからこうなった」と答えることができるようになります。そして、どんどん曖昧な情報が整理されていくのです。

このときに役に立つのがロジカルシンキングです。実際の研修では、私が質問をしながら、参加者がロジカルシンキングを使えるようにアシストしていきます。そうすると皆、するすると明確に、自分の好きなものの魅力について語ることができるようになるのです。

もう1つ質問をします。今朝あなたは何を食べましたか？　なぜそれを食べたのでしょうか？　食べていない方は、なぜ食べなかったのでしょうか？

さらに質問を続けます。ランチに何を食べますか？　それはなぜですか？

これらの質問に理由をつけて答えられる人は、実は多くはありません。自分が何を思っているのか、何を考えているのか、実は自分自身でもよくわかっていないことが非常に多いのです。

何か食べたいな、と思ったときに「なぜそれが食べたいんですか？」と聞かれたら、多くの人は「食べたいから食べたいのよ」とか、「特に理由はないけど」と答えてしまうものなのです。

何か食べたいな、あそこに行きたいな、これがしたいな、と思うとき、多くの人が感覚で選んでいます。

もちろん、それは悪いことではありません。しかし、この**「なぜ？」に答えられる**

ようにならなければ、疑う思考は伸びていきません。

ときには感覚で決めることも大切ですが、いつも感覚で選んでいると、思考を深めることができません。それに、人に情報を共有する必要が生じたときに、うまく言語化できずに困ってしまいます。

靴を買おうと靴屋に行ったとき、店員さんが靴を手に取って「なんかわからないけど、この靴いいんですよ」とおすすめしてきたら、困りますよね。スマホを買いに行って店員さんに「どれがおすすめですか？」と尋ねたときに、「特に理由はないんですけど、この機種がおすすめです」と言われたらどうですか？　とても買う気にはなれませんよね。

先日、ある方と話しているときにハンカチの話題になりました。その方はかわいいキャラクターがデザインされたハンカチを持っていて、「このハンカチが好きなんです」と言って見せてくれました。

気になったので、私は「何でそのハンカチが好きなんですか？」と尋ねてみました。すると、当初返ってきたのは「色が素敵だから」という答えでした。

「色が好きなんですか？」とさらに確認すると、「まあ、そうですね」と少し曖昧な答えが返ってきます。あれ？　と思った私は、さらに問いを重ねていきました。

「色が素敵だからそのハンカチが好きなんですか？」

「キャラクターがついているからかもしれません」

「そのキャラクターが好きなんですか？」

「好きかもしれないけど好きじゃないかもしれない」

「そのハンカチはいつから持ってるんですか？」

「数年前に実はうちの子からもらったんですよ」

「へえ」

「私の誕生日に、『お母さんにあげる』って言って初めてくれたハンカチで……」

そこで、女性が言いました。

「そっか、うちの子がくれたから好きなんだ」

その方はこの会話をするまで、なぜそのハンカチが気に入っているのかという答えがすぐに出てこなかったのです。それでも尋ねられて答えないわけにはいかないので、最初は「色」と言ったり「キャラクター」と言ったり、目についた特徴を答えていたのでした。

こうして「それって本当ですか？」とか、「本当に色が好きなんですか？」「キャラクターが好きなんですか？」と質問をしていくことによって、子どもが自分のお金で初めて買ってくれたお母さんへの誕生日プレゼントだから大切にしていた、ということに気がついたのです。

こうした質問を自分にもしてみてください。これが、疑う思考を身につけるということです。

あなたは、なぜ今の仕事を続けていますか？　少し時間を取って考えてみてください。そして、**出てきた答えに対して「それって本当？」と何度か問いかけてみてください。**

すると、思いも寄らない答えが見つかることがあります。自分の思っていることや考えていることについて、意外に自分でわかっていないことが多いということが、きっと実感していただけるはずです。

ちなみに、言語化するときには頭の中で考えるだけでなく、紙に書き出すことをおすすめしています。具体的な言語化のトレーニングについては、６章で詳しくお伝えします。

第3章

「認知の偏り」と「バイアス」が正しい判断を鈍らせる

■認知の偏りを修正していくためには

認知の偏り（**認知の歪み**）**とは、物事を認識する際、客観的に現実を捉えることができず、主観的な思考のクセに囚われてしまうこと**です。認知の偏りは、生まれ育った環境や周囲の人の価値観、経験など、さまざまなことに影響されて生じます。

例えばそれは「男性はこうあるべき」「母親はこうあるべき」といった偏見だったり、「どうせできるはずがない」といったネガティブ思考だったりします。

ビジネスにおいてよく見られる認知の偏りが、上司が自分の中の常識を部下に押しつけるパターンです。

例えば、現場を経験して役職者になった上司が、自分の若い頃の営業方法を部下に押しつけてしまうケースはよく見られます。人は、自分たちが行ってきたことこそが正しいと思ってしまいがちなのです。

人の脳は、見たいものを認識しやすいようにできています。

見たいものや聞きたいものが優先的に私たちにインプットされるのは、リアルの世界だけでなくネットの中でも同様です。

私たちがインターネットと関わらない日はほとんどありません。１章でも述べましたが、ネットの中の情報はフィルターバブルやエコーチェンバーによって選別されています。**自分とは違う物事の見方や考え方に触れることが加速的に難しくなっている**のが現代、と言ってもいいでしょう。

認知の偏りによってわかり合えない部分はどうしても出てきてしまいますが、だからといってお互いが歩み寄らなければ、溝は深まるばかりです。

そこで最近では、「**リバースメンタリング**」という考え方が企業にも導入されています。

これは社員の育成方法の１つで、言葉の通り、**部下や若手社員が上司や先輩社員のメンターとなって、上司や先輩社員を育成する**ことを指します。アメリカの企業で最初に導入された制度で、日本でもじわじわと広がってきています。特にデジタル分野やIT分野においては、若手社員の方が知識も経験も豊富です。

社歴が長くなっていくと、仕事にも人間関係にも慣れてきてしまい、社内で新しい刺激を得ることがだんだん難しくなっていきます。転職する人の中には、「ここで学べることがなくなったと思った」という理由で別の会社に移ってしまう人もいます。しかし、リバースメンタリングを取り入れることによって、社歴が長いベテランも新たな知識を得られるようになるのです。

これは、認知の偏りを意図的に解消しようという試みの1つとも言えます。視点を増やすことによって、認知の偏りを矯正していくことができるのです。

「新人社員から学ぶことなどない」とか、「教育とは上の者が下の者に対して行うものだ」といった凝り固まった考えに囚われてしまっていると、リバースメンタリングがうまく機能しません。


リバースメンタリングだけでなく、日本の企業で古くから行われてきた**「ジョブローテーション」も、認知の偏りを正す良い方法の1つ**です。

経験や知識が増えればおのずと視点も増えていきますが、ジョブローテーションには、「さまざまな部署の仕事を経験することによって意図的に視点を増やす」というねらいがあります。

立場が違う人が、お互いに意見を主張し合う対立構造になることは、仕事でもよく起こります。

例えば営業部門と製造部門では、同じ会社であっても環境が全く異なります。製造部門には、「自社商品の質を上げたい」「品質を担保するためにも余裕のあるスケジュールで動かしたい」というニーズがありますが、営業部門には「お客さまに満足してもらうためにも、できるだけ希望に沿いたい」という思いがあり、対立構造になっているケースは少なくありません。

「お客さまにより良いものを提供する」という目的は同じだったとしても、アプローチはかなり異なります。そして、この違いも認知の偏りを生むのです。

ジョブローテーションで製造部門を経験したことがあるセールスパーソンと、営業しか経験したことのないセールスパーソンだったら、おそらく前者の方が、お客さまの希望も聞きつつ、製造部門に過度な負担がかからないような調整ができるはずです。

このように、視点を増やして視野を広げることによって、別の立場や考えの人をアシストすることができるようになるのです。

仕事を円滑に進め、より良い成果を上げるためには、対立ではなく対話が重要です。そのためにも、まずは認知の偏りについて知っておくことが大切です。

日頃から使っている言葉ほど、人は疑わない

私たちが普段何気なく使っている言葉について、改めて「それってどういう意味？」と聞かれたら、あなたは答えられますか？

例えば、ビジネスでもよく耳にするようになった「主体性」という言葉がありますが、「主体性ってどういう意味？」と尋ねられたら、あなたは答えられるでしょうか？

主体性と似ている言葉に「自主性」という言葉がありますが、この2つの言葉はどう違うのでしょうか？

こうして考えてみると、主体性、自主性という言葉は具体的なようで非常に抽象的ですよね。

このように、**日常的に使う言葉というのは、使う頻度が高いため「わかった気」になりやすく、言葉の意味を考えようとしなくなる**のです。

ちなみにいろいろな辞書で引いてみると、主体性は「行動する際、自分の意志や判断に基づいていて自覚的であること。また、そういう態度や性格を言う」とあり、自主性とは「誰かから指示される前に自分から率先して行動できること」とあります。

確かに辞書を引けば答えが載っていますが、これもまた、思考を止めてしまう罠です。「辞書で引くとこう書かれていた」という答えに満足してしまい、さらに掘り下げて考えることをしなくなるからです。

大切なのは、その意味を腹落ちさせて理解できているかどうかです。理解できていなければ、使いこなすことも、他人に説明することもできません。

「辞書にはこう書かれていたけど、それってどういうことなんだろう？」と掘り下げていくことによって理解が進み、自分の言葉で語れるようになります。

自社の商品をプレゼンするとき、製品パンフレットやホームページに書かれていることしか答えられない人と、自分の言葉で商品の魅力を伝えられる人とでは、営業成績が同じであるはずがありません。

自分で考えて理解し、言語化する過程を省いてしまうと、お客さまから突っ込んで尋ねられたときに即答できません。基本的なことすら答えられないセールスパーソンがお客さまから信頼されるかというと、難しいですよね。「この人、大丈夫だろうか？」と不安がられてしまいます。**「検索すればわかる」という状況は、便利な反面、私たちから思考力を奪ってしまう**のです。

些細なことであれ、自分の言葉で語れる人には説得力があります。そして魅力的に映るものです。

昔から言われていることも疑う

「今の若い人はこうだ」「昔はもっとこうだった」とは、いつの時代も言われている言葉です。最近では、「今の若い人は軟弱で、しっかりしていない」「打たれ弱い」というようなことを耳にすることもあります。

こうした「よく使われている言葉」も注意が必要です。時代によって「しっかりしている」という概念や「打たれ強い」という言葉の定義が変わっているからです。

残業してでも自分の仕事を終わらせることも「しっかりしている」ですが、定時までに自分の仕事を終わらせて、残業は一切しないことも「しっかりしている」と言えますね。

罵詈雑言を浴びせられても折れないことを「打たれ強い」と言うこともあれば、何度失敗しても諦めずに起き上がることを「打たれ強い」と言うこともできます。

人の意見を優先させつつも、プロジェクトを成功に持っていくことができる。これも「打たれ強さ」かもしれません。

「そもそも、『しっかりしている』ってどういう意味で使われている？」

「打たれ強い人ってどんな人？」

こうして**意味を疑ってみることをせずに言葉を使い続けていると、自分の価値観や物事の見え方をアップデートすることができず、いつの間にか時代遅れの人になってしまいます。**言葉の一歩先の意味について知っておかなければ、どんどん時代に取り残されてしまい、1つの方向からしか見えない偏った見方を修正することができなくなってしまうのです。

ラベリングすることで思考が停止する

日常にあるいろいろなものを使って、ミニチュアの世界をうまく表現されている写真家の田中達也さん。画鋲《がびょう》を使ってドラえもんに出てくるタケコプターを作ったり、ノートを家の屋根に見立てたり、バターを山に見立てて登山する人を表現したり、とても自由な発想でミニチュアの世界を表現されています。

私たちの周りには、たくさんの「もの」があふれています。それらの「もの」たちは、基本的に用途が決まっています。例えば、ハサミ、爪切り、ペン、消しゴムなどは、何に使えばいいかがはっきりわかりますね。

ビジネスをする上でも、肩書きを示すことによって、あえて説明しなくても自分が何者であるかを相手に理解してもらいやすくなります。コンサルタントやセミナー講師といった職業だけでなく、代表取締役や経理部長、ディレクターなど、職種を示すことも同じです。

しかし一方で、名前がついて用途がはっきりしていると、なかなかそれ以外の使い方をしようとしません。

例えば洗剤には、食器洗い洗剤、お風呂洗剤、洗濯洗剤といろいろな種類ありますが、中身は同じようなものかもしれません。しかし、トイレ用洗剤でお風呂を洗う人はほとんどいないのではないでしょうか。

本当は他にもたくさんの用途があるかもしれないのに、ラベリングをされると私たちの思考はそこで停止してしまうのです。**名前や肩書きは、「用途」をわかりやすく示すものであると同時に、用途を限定するものでもある**のです。

田中達也さんのように、自由な発想でトイレットペーパーを雪山の坂道に見立てたり、唐揚げを紅葉で色づいている木に見立てたりできるようになるのはかなり難しいものです。そうなるためには、強く意識して枠から自由になる必要があるでしょう。

ちなみに、私はホームページで「問題解決コンサルタント」と「人財・組織開発コンサルタント」と一応肩書きをつけてはいますが、基本的に自分のことをコンサルタントと名乗ることはしていません。「岡佐紀子です」と自己紹介します。

今から10年以上前のことですが、ある経営コンサルタントの方にコンサルティングを依頼したことがありました。コンサルタントはしばらく私の話を聞いたあと、私に肩書きを持つように言いました。しかし当時、私はそれを断りました。コンサルタントや研修講師という肩書きを自分につけることに抵抗があったのです。

ただ、集客をする上では肩書きはあった方が有利です。なぜなら、その人がどんな仕事をしているかが可視化できる上、お客さまにとっても依頼できる仕事の内容が具体的にわかるからです。そのため本書にも肩書きをつけました。

「なぜ肩書きをつけることに、あんなに抵抗があったのだろう」とモヤモヤし続けていたのですが、あるとき、気がつきました。私は、自分に肩書きをつけることによって、知り合うすべての方の思考を止めたくなかったのです。そして、自分が枠にはまるのも嫌だったのです。

コンサルタントと名乗った瞬間に、相手にとって「岡佐紀子」という人間は「コンサルタント」になってしまいます。そのことに、すごく抵抗があったのです。

ラベリングすることによって、用途がわかりやすくなることも事実です。ラベリングはブランディングともつながります。自分が「何者か」を明らかにすることで、お客さまがサービスを頼みやすくなります。

しかし一方で、**ラベリングによって思考が枠の中に収まってしまい、その他の可能性を考える機会が大幅に減ってしまうことも知っておく必要があります。**

ラベリングをするメリットと「枠に収まってしまう」というデメリットの両方を理解して、使い分けていきましょう。大切なのは、その場に合わせて「ラベリングをするのか」「ラベリングするとしたらどのようなラベルを貼るのか」を自分で選択できることです。

■〝当たり前〟に疑問を持つ

時代とともに価値観は変化しており、消費行動にも変化が出ています。価値観をアップデートせずにいると、自分の価値観を絶対視する傾向が高まります。その結果、価値観に反する人の思考を受け入れられず、拒絶してしまうのです。

サブスクリプションサービスが広まったことで、私たちは安価で多種多様なコンテンツを楽しめるようになりました。シェアリングエコノミーという経済モデルが普及して、「所有すること」に価値が置かれていた時代から、「共有すること」に価値が移行しています。

この動きを知らないと、「家電は買うもの」「車を持つことがステイタス」「ものをたくさん所有している人が豊かだ」といった旧来の価値観から抜け出ることができません。

「自分が今まで『正しい』と思っていたことが本当に正しいのだろうか？」。これを常に自分に対して問い続けることが重要です。

学校教育も、今とはかなり違っています。幼少期に忘れ物をして先生からゲンコツを受けた人もいるのではないでしょうか。40年ほど前であれば、教室で騒いだり廊下を走ったりしたら、先生から叩かれるのが普通でした。

もしも今、教師が子どもたちに同じことをしたら、たちまちSNSに取り上げられて炎上するでしょう。このように、時代が移り変わるに従って、文化や常識など、いろいろなことが変化しているのです。

私には子どもが3人いますが、そのうちの1人はトランスジェンダーFtM（生まれたときは女性、心は男性）です。今は自らそのことを発信し、高校生の頃からさまざまな学校や企業で講演をしています。私はこの子に大きな気づきをもらいました。

子どもが小学6年生のときです。私の子宛てに公立中学校の制服が届きました。戸籍は女子のため、届くのは女子の制服です。その制服を見て私の子が言いました。

「お母さん、何で女はスカートはかなあかんねんやろ」

そのとき私は「当たり前やん、決まってるやん」と言いました。

それでも私の子は、また同じ言葉を繰り返しました。

「お母さん、何で女はスカートはかなあかんねんやろ」

同じ言葉を二度言われたとき、私は初めて、「なぜ女子の制服はスカートなんだろうか？」ということを考えました。でもその理由は、「決まっているから」以外に思いつきませんでした。

冬場に女子中学生がスカートの下にジャージをはいている様子を見かけることがあります。スカートは寒いので、私も学生時代にジャージをはいた記憶があります。スカートよりズボンの方が動きやすく、冬も暖かい。なのに、女子の制服はスカートなのです。

それまでは女子はスカート、男子はズボン、これが当たり前で疑うことがありませんでした。でも時代は変わっています。

それから約3年後、市で初めての男女共通の制服の中学校（スカートとズボンを自分が好きなように選択できる制服）となりました。そこから同市では男女共通の制服の学校が広がっています。

このように見ていくと、「正しい」と思っていることが果たしてどれだけ本当に正しいと言えるのか、かなり疑問に思えてきませんか？　**今は正義だと思っていることすら、将来は正義であるかどうかわからない**のです。

ＳＮＳが普及して、被害に遭った方が声を上げられるようになり、過去にあった不祥事が明るみに出るケースも増えてきています。マナーも時代によって変化していきます。慣習もしかりです。昔の常識が今の非常識、というのは、珍しいことではありません。

こうしたことを知らずに、自分が正しいと思い込んでしまうと、社会から取り残されてしまいます。単に時代錯誤なだけならいいのですが、マナーや倫理が時代によって変化しているのに時代錯誤の言動から抜け出せないと、それが強い「偏見」を生んでしまうのです。

昭和、平成、令和の時代へと価値観はグラデーションがあり徐々に変化している

既存のイメージに違和感を持たず
従う人が社会的に正しい

既存イメージに囚われている
社会に疑問を持ち始めている

時代の変化とともに価値観が変化していることを知り、自分の中の無意識の偏見について知り、言葉を選んでいくことが必要

	服従と団結	競争と個性	共生とつながり
社会的価値観	国家を豊かに、全体主義的な価値観、集団主義、家柄・地位・立場	個人を豊かに、個人主義の台頭、多様性の受容、能力・才能・実績	社会的な調和や持続可能性を追求、共感・つながり・持続可能性、社会的正義の追求、倫理規範再評価
経済・職業観	産業発展を重視、終身雇用制度、職人精神、ものがない・ほしい	能力主義、キャリア志向の高まり、グローバル化、消費社会	副業やギグエコノミーの普及、DX サステナブル
文化・教育	伝統的な価値観の尊重、家柄や地位の重視	見た目や消費文化への注目、情報化社会の進展	エシカルな消費、環境意識の高まり
家族・人間関係	家族中心の価値観、上下関係・縦社会の重視	家族の形態の多様化、ジェンダー平等の意識向上	多様な生き方への寛容、メンタルヘルスへの配慮
しつけと規範	体罰や厳しい言葉の容認、らしさの強要	個人の権利と自己表現を重視	個々の特性や多様な生き方への理解が深まる

“当たり前”が変化していることに気づこう

無意識の偏見（アンコンシャスバイアス）を知ることが、疑う思考を高める

『6人の盲人と象』という寓話があります。さまざまな事情によって目が見えない6人が、象の正体を突き止めようとする話です。

象は大きいので、1人で象の全部を触ることができません。ある人はしっぽを触り「象というのは、ロープのようなものだ」と言い、ある人は脚を触って「象というものは、木の幹のようなものだ」と言う、という寓話です。

象のしっぽは確かにロープのようになっていますし、脚は太く木の幹のようです。ですから、見方によっては正しいわけです。

しかし、それが象なのかと言われると、ロープは象ではないし、木の幹は象ではありませんね。

私たちは一部を見て「正しい」と思うし、一部を見て「これが全部」だと思うとい

6人の盲人と象

①鼻に触り、象とは蛇のようなものだ
②耳に触り、象とはうちわのようなものだ
③脚に触り、象とは木の幹のようなものだ
④胴体に触り、象とは壁のようなものだ
⑤しっぽに触り、象とはロープのようなものだ
⑥牙を触り、象とは槍のようなものだ

6人の盲人は長い間言い争い、
それぞれが自分の意見をゆずりませんでした。

どれも間違っておらず正しい主張でもあるが、触った部位が違うため感想が異なる。

出来事や人の一部を切り抜いて理解したつもりで言動や行動として表現することがある
一部を切り抜いて主張するのではなく、人の考えや意見に耳を傾けることが大切

うことを、この寓話は示しています。

視点が少ない状態、視野が狭い状態というのは、存在しているものが見えていないに等しい状態です。

本当は象なのに、「丸太のようなもの」「薄くてペラペラで大きな皮のようなもの」というように断片的に情報を集めても、象にたどり着くことはできません。

思考においても同じです。象の姿が認識できている人は、多角的な視点を持っている人のことです。**自分の思考には制約がかかっていることを自覚するだけで、物事の見方が変わります。**

ただ、多くの場合私たちは、自分の認知の偏りに気づくことができません。それはなぜかと言うと、無意識のうちに部分的に焦点を当ててしまうからです。これを、**無意識の偏見**（**アンコンシャスバイアス**）と呼びます。

アンコンシャスバイアスにはどういったものがあるかを知っておくだけでも、「今、私の認知は偏っているのかもしれない」と、うっすらとでも気づくことができるようになります。

アンコンシャスバイアスの代表例が、「周りがしているから自分も同じ行動をしなければならない」と感じる同調圧力です。「上司が有給休暇を取っていないから、部下が休みを取れない」というのもそうですね。「上司が有給休暇を取らないけれど私たちは取ってもいいですか？」とは、なかなか言えない雰囲気の会社もあります。

ここでは、その他の代表的なアンコンシャスバイアスの例を紹介します。アンコンシャスバイアスのパターンを知っておくことは、疑う思考を磨くためにとても重要です。

●権威バイアス

専門家や権力者など、権威のある人の言動に対する評価が高く歪められ、「この人の言うことはすべて正しい」と考えて鵜呑みにしてしまう心理傾向のことを言います。

「腸の環境を整えることで健康になります」と私が皆さんにお伝えしたとします。一方で、胃腸科や消化器内科の権威と呼ばれている大学病院の教授が「腸の環境と健康は関係ありません」と話していたら、あなたはどちらを信じますか？

私たちは、医師や弁護士、教授などの権威的な立場にいる人の発言を、それが正しいかどうかにかかわらず「正しい」と信じやすいのです。

●正常性バイアス

予期せぬ事態に遭遇したときに、自分にとって都合が悪い情報を過小評価する心理傾向のことを言います。災害で避難勧告が出ているのに、「そこまでひどくならないだろう」「この近くは大丈夫だろう」と根拠なく思ってしまうケースです。

●**確証バイアス**

何らかの事実や信念などを検証する際に、自分の主張や信念を支持する情報や証拠ばかりを集め、反対意見や反証を軽視する心理傾向のことを言います。

●**ハロー効果**

ある対象について判断するとき、その対象が持っている一部の特徴に影響されて判断が歪められる心理傾向のことを「ハロー効果」と呼びます。宗教画などを見ると、聖人の頭上に輝く丸い光の輪が描かれていることがあります。ハローとはこの丸い光の輪のことを指します。ハロー効果は「後光効果」と呼ばれることもあります。

同じ商品をすすめられたときに、嫌いな人からすすめられた場合と信頼している人からすすめられた場合とでは、その商品に対する印象が違ってきたり、身だしなみや容姿で、性格まで判断してしまったりするのは、ハロー効果によるものです。

●**初頭効果**

初頭効果とは、最初に与えられた情報が強く残りやすく、あとの情報に影響を与えるという心理傾向のことです。朝起きて最初に聞いたニュースの内容の方が、そのあとで耳にする内容よりも正しいと思いやすいのです。

●親近効果

初頭効果と対をなすもので、最後に得た情報が全体の判断に影響するという心理傾向です。

例えば、上司から厳しく指導されたあとで優しくフォローされたら、上司に対する印象は悪くなりにくいもの。逆に最初は優しくフォローしてくれたものの、最後に厳しいことを言われたとしたら、上司に対する印象は「厳しい人」「怒られた」といった印象になりやすいのです。

●公正世界仮説

「良いことをした人には良いことが起こり、悪いことをした人には天罰が下る」「努力すれば報われるという世界は公正である」という考えのことです。

良いことをしても、ひどい目に遭うこともあれば、悪いことをしても何の罰も受けない人もいます。努力しても報われないことがあるのも現実です。

自分とは無関係なことで、他人の受け入れられない事実を見聞きしたときに「あなたにも原因があった」と被害者を責めることがあります。

この世の中は公正であるという思い込みがあるから、人は頑張り、努力し、ボランティア活動にいそしみ、周りに無意識に親切にしている側面もあります。それなのに、世界は公正でないという現実を受け入れてしまうと、自分がいくら努力しても良いことをしても報われないという現実を受け入れることになります。それは耐え難いことです。だから被害を被った人に対して、自己責任だという言葉を投げかけます。

典型的な事例が、痴漢をする人が悪いはずなのに、「あなたの服装に問題がある」という言葉を投げかけるようなケースです。

他にも、心理学的実験によってさまざまなバイアスがあることがわかっています。**私たちは、日々こうして無数のバイアスに影響されている**のです。つまりそれは、度がついたサングラスを何重にもかけているような状態と言えるかもしれません。しかも、その度数もレンズの色も、屈折率も、１人ひとり全く違うのです。

自分の価値観がさまざまな角度から物事を見ることを妨げている

電車に乗ったとき、向かいに座っている子どもが大声で話していたら、あなたはどう感じますか？「うるさいな」と思う人もいれば、「元気な子だな」と微笑ましく思う人もいるでしょう。同じ物事を体験したとしても、感じ方、捉え方は人によって大きく異なります。

なかなか仕事が覚えられない部下に対して「頼りないな」と思う上司もいれば、「頑張ってるな」と陰で応援してくれている上司もいます。このように、私たちは感情の要因になる「思い込みのクセ」を持っているのです。

自分がどこに焦点を当てがちなのか、どんな思い込みのクセを持っているかを知っておくことで、イライラしたりクヨクヨしたりしたときに、「ああ、今こんな思い込みのクセが出てきているな」と客観視することができるようになります。

「偏見」という言葉にはネガティブな意味合いが含まれますが、私はアンコンシャスバイアスが必ずしも悪いものではないと考えています。それは、**個性であるとも言える**からです。

日本を代表する芸術家に草間彌生《やよい》さんという方がいます。彼女の作品は、すべてが水玉になっています。草間彌生さんの中では、見えるものすべてが水玉に見えると言います。

私たちが風景やものを見るとき、水玉に見えることはありませんよね。ですが、草間彌生さんにはそう見えています。これもまた認知の偏りであると言えます。自分に見える景色を見つめ続け、感覚を研ぎ澄まし、アートに昇華されたからこそ、あれだけ素晴らしい作品を生み出し続けているのではないでしょうか。

一流と呼ばれる人たちは、技や芸にこだわりを持っています。そのこだわりは偏りとも言えます。そして、偏りを研ぎ澄ますと、その人の強い自己が現れるのです。

さらに研ぎ澄ませていくと、それはブランドにもなり得ます。アンコンシャスバイアスには、そういったプラスの側面もあります。

大切なことは、こだわり、偏りを持っていることを自覚すること。アートに昇華する偏りもあれば、人を傷つけるような偏見になってしまうこともあるからです。包丁を料理をするために使う人もいれば、人を傷つける武器として使う人がいるのと同じように、アンコンシャスバイアスを上手に使う術を身につけることが大切です。

「事実」よりも「ストーリー」が人々を動かす理由

今、コンビニエンスストアは日本中に5万店以上あるそうです（2024年5月現在）。おそらく近所に2店舗や3店舗はあるという方も多いのではないでしょうか。

あなたが利用する最寄り駅の近くに、A店とB店の2つコンビニがあるとイメージしてみてください。どちらも最寄り駅からすぐの立地で、品揃えもお店の広さも同じくらい。外観も内装もきれいで、レジスタッフの対応も普通のレベルです。

聞いた話によれば、B店のオーナーさんは20代の頃に大病にかかったことがあり、奇跡的に回復したあと、「これからの人生はおまけだ。だから、人が喜ぶことをしよう」と思い、日常的に多くの人が利用するコンビニを開くことに決めたそうです。

さて、あなたは、A店とB店の売れ行きが落ち込んでいるとしたら、どちらのお店を助けたいと思いますか？　さらに、2店ともオーナーが変わってしまったとしたら、あなたはどう感じるでしょうか？

多くの人が、B店を応援し、B店のオーナーのことを心配するのではないでしょうか。「どうしてお店を手放すことにしたんだろう」「もっと通ってあげれば良かった」。そんなふうに思うかもしれません。

なぜこういうことが起こるかと言うと、B店にはA店にはないものがあるからです。それが、店長の開業ストーリーです。

死の淵から戻ってきた店長の思いに私たちは胸を打たれ、B店に対する心理的距離が縮まったのです。人はストーリーに感情を動かされるため、つい惹き込まれてしまうのです。

ストーリーを使って私たちに狙った行動を起こさせるという試みは、至るところで行われています。映画やドラマでは、ここぞというシーンで曲が流れます。主人公が困難を乗り越えて夢に向かうシーンでは、アップテンポで希望に満ちた音楽が使われますし、ピンチに陥ったときには緊迫した音楽が使われます。作り手が「ここで観客を感動させたい」と意図したシーンに合わせて、観客の感情をより増幅させるような音楽が使われているのです。私たちが映画やドラマなどを見て感動するとき、そこには「感動させたい」という作り手のねらいがあります。

本当はたいした問題ではなくても、「それは間違っていますよ！」「そのままではいけませんよ！」と言われ続けると不安になりますよね。私たちの身の回りにある広告を見渡してみてください。不安を煽るような広告コピーがすぐに見つかるのではないでしょうか。

例えば、サプリメントのＣＭや、発展途上国への募金を募るＣＭ。気がついたらそこに登場する人に共感し、感情を動かされていませんか？

もしかしたら、そのストーリーは全く架空のものかもしれません。しかし、**人はストーリーに関してはほぼ無条件に信じてしまいます。**そして、「売り込まれている」「何か行動を起こさせられようとしている」ということにも気づきにくくなるのです。

過去の経験に頼ってしまう自動的な思考の危険性

私たちの思考は、大きく分けると「知識」と「経験」から構成されています。そして知識と経験を天秤にかけたとき、おそらく**多くの方が、経験を重視してしまう**のではないでしょうか。どうしても人は、自分が経験したことを正しいと思い込んでしまうものです。

「ムダ遣いしないで、お金は貯金しなさい」。よく言われてきた言葉です。

バブル期で景気が右肩上がり、人口減少もさほど問題ではなかった頃の日本では、定期預金の金利が２０２４年3月現在の１００倍近く高い設定でした。中には、８〜10％という金利の定期預金もありました。

そのような時代なら、お金は定期預金に入れておけば増やすことができました。しかし今、定期預金の金利は１％どころか０・１％を切ることすらあります。定期預金に１００万円預けたとしても、数百円しか増えないわけです。コンビニのＡＴＭなどでお金を下ろしたとしたら、手数料と相殺されてしまうような額ですね。
数十年前までは、定期預金に入れておくことが資産運用の正解でしたが、今は別の方法を考えなければなりません。しかしそれに気がつかないと、自分が言われてきたように子どもや孫に対して「お金は銀行に預けて貯金しなさい」といつまでも言い続けてしまいます。

上司と部下の関係性でも、上司が自身の経験をベースに指導をするシーンがよく見られます。
褒められてのびのび育てられた方が上司であれば、部下に対しても同じように接する確率は高いでしょう。しかし厳しく叱られながら仕事を覚えてきた人の場合は、部下に対しても同じような成長プロセスを求めやすいのです。上司に怒られ続けたことで成長できたという成功体験を持っている人は、部下を潰しやすい危険をはらんでいます。

気をつけなければならないのは、経験そのものが少ない人です。経験の引き出しそのものが少ないため、選択肢がありません。つまり経験が少ないため応用が利かず、部下を育てるときに部下の性格や環境などに応じて教育方法を変えることができないのです。

これは、ネガティブな経験に限ったことではありません。むしろ、**ポジティブな成功体験がその人を縛りつけてしまう**こともあります。過去にうまくいったやり方は強烈な成功体験となるため、再現性があると感じてしまうからです。

例えば、成績が低迷していたところ、とにかく足を使って1軒1軒家を回ってインターホンを押し、セールストークを繰り広げることによってトップ営業に上り詰めた方もいるのではないでしょうか。でも、今の時代は違います。インターホンを押しても、知らない人であれば出ることはありません。

足で回って成功した事例があると、そのやり方に固執します。そして部下にも同じやり方がいいと伝えてしまうのです。

今までのやり方に囚われるのではなく、時代の流れを考え、昔の成功体験を手放すことが必要です。中には、経験をブラッシュアップして過去の成功体験をどんどん手放せる人もいます。しかし一方で、成功体験が大きすぎて、それに縛られてしまう人も少なからずいます。

市場の変化によって、過去にうまくいったやり方が通用しなくなる場合もあります。

私は研修講師として10年以上仕事をしていますが、10年前と今とでは、依頼される研修のテーマはがらりと変わりました。「やりがいを見つけて退職するための研修」を依頼されることも出てきましたし、退職した人をもう一度迎え入れるための働きかけについて相談されることも増えてきています。

研修講師同士で話をしているとき、「研修が減ってきている」と感じている人と「対応しきれないくらい研修の依頼が舞い込んでいる」と感じている人にくっきりと分かれる、ということもありました。

大きな違いは、市場に合わせてプラットフォームを変えたり、集客チャネルを変えたりしたかどうかです。市場の変化に対応できないと、どうしても売上が下がり、集客がうまくできないといったことが起こります。

市場全体や競合他社のことが見えていないと、業界全体が落ち込んだように思えてしまいますが、実はそうではないケースも多分にあるのです。

あなたの所属している業界はどうですか？　本当に今、その業界は斜陽なのでしょうか？　もしかすると、狭い世界に居続けているために、ニーズや市場の変化を察知できていないだけかもしれません。


百貨店や空港に行くと必ず見かける「とらや」。室町時代後期に創業した和菓子の老舗です。とらやで売られている羊羹《ようかん》の中には、チョコレート風味のものや、ラムレーズン入りのものもあります。変わらないものを持ちながら時代に合わせて変化を取り入れてきたからこそ、数百年という長い間ずっと続いてこられたのではないでしょうか。

私たちの身の回りにあるものを分析して疑ってみることで、さまざまなヒントを得ることができます。

知らないと疑えない。でも、知っていると疑える

コンビニエンスストアの店長の開業ストーリーを例に、人間は感情で動くものだということをお伝えしました。逆に正論に対しては、カチンときたり不快に思ったりすることがあります。

あなたはとても元気で、とても健康だったとします。バスの優先座席に座っていると「そこはお年寄りや体の不自由な人が座るための席ですよ。健康なら席をゆずってあげたらどうですか？」と声をかけられました。

あなたはどう感じますか？　指摘されたことはド正論ですが、おそらくイラッとするのではないでしょうか。

これはつまり、**感情を刺激すれば、人を動かすことができる**ということでもあります。「感情を利用して人を動かす」と言うと大げさに聞こえるかもしれませんが、実

はとても身近なところでいつも行われています。

もしもあなたが、雨でずぶ濡れになったスーツを着ていたためにかぜを引いてしまい、今後のために「雨に濡れてもすぐに乾くスーツ」をネットで探しているとします。そのときに速乾性を備えたスーツの広告が表示されたとしたら、おそらくクリックしてしまうのではないでしょうか？

感情に訴えて購買を促すことを「**感情マーケティング**」と呼んだりします。少しアンテナを立てて目に飛び込んでくる広告を分析してみてください。非常に巧みに感情に訴えかけていることが見えてくるはずです。

ショッピングモールに出かけて、買う予定のなかったものをたくさん買い込んでしまった経験は誰でもあると思います。「思いがけずセールをしていた」「人がたくさん並んでいて気になった」「おいしそうな匂いにつられた」など、いろいろな動機があるでしょう。

これも、仕掛けによって購買意欲を高められているのです。

私たちは、**自分で必要な情報を取りに行っているように思えて、実は「こういうことが知りたい」と思うように仕向けられている可能性もある**のです。

先日、私の子と一緒に大手スーツショップにリクルートスーツを買いに行きました。店員さんがすすめるのは黒のスーツです。「就活生は皆こちらのスーツをお求めです」と店員さんがおっしゃいました。

そのとき私はなぜ黒のスーツ？　本当に黒がいいのか？　と思ったので、今度はその店員さんに「紺色のスーツはありませんか」と聞いてみました。すると店員さんは「就活には黒と決まっています。ですから就活にはこちらの黒いスーツコーナーからお選びいただいています。紺色は式服として選ばれます」とおっしゃいました。それを聞いた私の子は「お母さん、店員さんもこう言っているし、黒でええやん」と私に言いました。

私は娘に「あなたは黒がほしいのかな？　あなたが黒がほしいと思うなら黒を選べばいいと思う。でも、『就活は必ず黒のスーツ』というのは本当なのか、みんな買っているというのは本当なのか、はたしてみんな一緒である必要はあるんだろうかと考えてみて」と言いました。

「就活に黒というルールもなければマナーもありません。むしろ黒は式服であり就活には向いていない」という考えもあります。人事の方に聞くと、黒いスーツは求めていないという意見も多いです。「就活スーツは黒である」。これも群集心理の代表例です。


認知の偏りを知ることは、手品のタネを知るようなものです。

知らないと疑えません。ですが、知っていると疑えます。アンコンシャスバイアスをうまく利用した仕掛けに気づき、疑い方を知ることは、あなたの財産を守ることにもつながるのです。


あなたの職場には、「競合他社がどんどん取り入れているから」と危機感に煽られて導入したはいいものの、一切使われていないシステムはありませんか？

毎年かなり長い時間をかけて受講するその研修は、本当に役に立っているでしょうか？

毎週月曜日の午前中を使って行われる定例ミーティング、成果は上がっていますか？

広く信じられていることや長く信じられていることが、必ずしも正しいことを保証するとは限らないのです。

第4章

情報をうまく取り扱うコツ

一次情報を確認する方法

4章では、仕事で必要となる情報をうまく取り扱う方法について解説します。プレゼン資料を作成したり、プレスリリースを打ったり、戦略を決める重要な会議の資料を用意したりと、私たちは日々何らかの情報を整理し、発信する作業を行っています。

結論の妥当性を補強し、説得力を与えるための根拠として重要なのが、データやエビデンスです。エビデンスは、インターネットでも調べることができます。

ここで**重要なのが、「そのエビデンスは本当に正しいのか？」という視点**です。仮に根拠として使っているデータが間違っていたとしたら、そこから導き出される結論も間違ったものになってしまうからです。

典型的な例が、切り抜き動画です。

先日あるネットニュースを見ていたところ、ある政治家の発言が炎上していました。そのニュースのコメント欄には、「こんなことを言うなんて信じられない」「政治家を止めてほしい」といった誹謗中傷がずらりと並んでいました。

ところが、政治家が意図していたことは全く別のことだったのです。その政治家が発言した言葉の中から、センセーショナルな個所だけを切り取って編集した動画がバズってしまい、その切り抜き動画だけを見た人が誤解してしまって、炎上していたのです。

「釣りタイトル」という言葉もありますが、動画の視聴数が収益につながるため、過激なタイトルやサムネイル画像を使って目を引いたり、切り抜き動画で過剰な演出をしたりすることが、内容の正確さよりも優先されることが増えています。

最近では「タイパ」という言葉もよく耳にします。タイパとはタイムパフォーマンス、つまり時間対効果のこと。かけた時間の割に満足度が高ければ「タイパが良い」ことになり、時間をかけたのに満足な収穫がなければ「タイパが悪い」ということになります。

動画コンテンツにおいてもタイパが重視されており、退屈だな、おもしろくないなと思われてしまうと、すぐに離脱されてしまいます。ですから、とにかく瞬間的に人の目を引いて視聴してもらえるように、コンテンツがどんどん過激化しているのです。

その結果、**本来の意図とは全く異なる情報が切り取られて編集され、あたかもそれが真実であるかのようにばらまかれています。**

皆さんは子どもの頃、伝言ゲームをして遊んだことはありますか？　簡単な文章なのに、全く違う文章になって伝わることがよくあります。**ちゃんと伝えようとしても、間に人が介在すると全く違う情報として伝わることがある**のです。

意図的に歪められた情報から導き出された答えに、翻弄される人も少なくはありません。

特にビジネスにおいては、間違った情報をもとに論理を構築してしまうと、大きな損害が生じる怖れもあります。「関東地方ではこの商品が売れるという予測のもと、大量に商品を生産したが、そのデータ自体が間違っていた」となると、大きなトラブルに発展しかねません。

このようなことが起こらないよう、**データやエビデンスを利用するときには、一次情報に当たることが極めて重要**になってきます。

一次情報を探すときは、可能な限り、編集作業が介在していない「すべての情報」を見ることがポイントです。常に「ネタ元はどこ？」と探る視点を持ちましょう。

私たちが手に入れられる一次情報には限界がありますが、完全な情報なのか、それとも編集作業が介在している情報なのかを見分けるだけでも大きな違いが生まれます。

信憑性の高い情報と言えるためには、根拠が明確であること、数値として示されていること、背景を知ることがポイントになります。どこから見るかによって正しさは全く変わってきますから、**さまざまな角度から見た「そのときの最適解」を見つけるしかありません。**

正しい情報を得るのは難しいですが、大切なのは「探し続ける」ことです。「もしかしたら、他の情報があるかもしれない」という好奇心や探究心を持つことによって、信憑性のある情報に近づいていきます。

しかし、信憑性の高い情報をどれだけ集めたとしても、１００％正しい事実が発掘できるわけではありません。そこだけは注意が必要です。

■噂の検証方法

噂にはさまざまなものがあります。「今日会議があるらしいよ」「課長が降格するらしいよ」、といったものも噂の1つですし、「あの芸能人、あのアナウンサーとつき合っているらしいよ」というのも噂です。私たちの日常生活において、噂はどこにでも存在しています。

噂を鵜呑みにしてしまうと、判断を誤ったり振り回されたりしてしまいます。見切り発車で不適切な行動に出てしまい、人に迷惑をかけてしまうこともあるかもしれません。

「明日の会議はなくなったらしい」という噂を鵜呑みにしてしまい、絶対に出席しなければならない会議を欠席してしまったとしたら、どうでしょうか。間違った情報を流した人の責任にしたいところですが、「噂を信じた方が悪い」と言われてしまうでしょう。

噂を信じず、正しく疑うことは、自分の身を守るためにも重要なことなのです。

では、噂を検証して正しく疑うためには、どうすればいいのでしょうか？

問題に蓋《ふた》をせず、真理を追究する

職場でも噂話が横行することがあります。

例えば、「うちの業績が悪化していて、もう立て直せないレベルらしい」「ライバル会社のA社に身売りするらしい」という噂が流れたとします。そこにいたある社員が「そういえば、先日A社の人が社長に会いに来てたよ」と言い出したことで「やっぱり身売りの話は本当なのかも？」という雰囲気になり、あたかも身売りが事実かのように噂話が加速してしまう。こういったことはよくあります。

また、「取引先のBさんは、部下に対してすごく厳しい」という印象を持ったことが、「Bさんは部下に対してパワハラをしている」という話に発展してしまい、それが噂として広まるといったことも起こり得ることです。

噂話というのは真偽が曖昧で、確実に嘘とも言えないし、真実とも言えません。だからこそ収拾がつきにくいのです。

すべての噂話について真偽をはっきりさせる必要はありませんが、「業績が悪化している」「パワハラをしている」など、自分や自分の周囲にとって害がある噂話については、「いつか収まるだろう」と蓋をしてやりすごすのは得策ではありません。その場合は、**発言者に対して「どこで聞いたの？」「他に誰が言っていた？」と出所を確かめ、「それって本当？」と追究する姿勢も必要**です。

曖昧さを排除する

噂話に限ったことではありませんが、真偽が不明な話の多くは、具体性に欠けて曖昧であることも多いもの。よくあるのが、「**みんなが言っていたから**」という言葉です。

この言葉は、よく考えてみると非常に曖昧ですね。そもそも「みんな」が誰を指しているのかがはっきりしません。

ですが、「みんな言っていた」と言われてしまうと、「そうか、だったら正しいのかな？」とバイアスがかかったり、「だったら私も従わなければいけないのかな？」と同調圧力を感じたりしやすいのです。

私たちも、**誰かを説得したいときや自分の要求を通したいときに、つい使ってしまいがちな「みんな言ってます」という言葉。**気をつけたいですね。

ある経営者が社内のＤＸを進めるため、経理システムを導入しようとしました。システムを導入すれば、経理社員の業務負担も軽減します。しかし経理部長は導入に反対し、「経理部の社員はみんな反対しています」と言いました。

ここで、「社員が嫌がっているなら導入は止めよう」と考えることもできましたが、社長は「経理部のうち何人が反対しているのか知りたい」と考え、社員に聞き取りをしました。

すると、反対していたのは経理部長を含めてわずか2人だったのです。システムの導入によって仕事がなくなることを恐れた経理部長たちが、導入を阻止しようと画策していたのです。

前提を疑う

最近お腹の調子が良くないので、腸に良さそうなサプリメントを探していました。するると、こんなコピーが書かれたサプリを見つけました。
「レタス10個分の食物繊維が含まれています！」

一見すると、食物繊維が大量に含まれているように見えますよね。しかし、そもそもの前提として、レタスに含まれている食物繊維はどれくらいなのでしょうか？

実は、レタスに含まれている食物繊維はそんなに多くありません。レタスに含まれている食物繊維の量は、100グラムあたり1・1グラムほど。一方、厚生労働省が提唱する「現在の日本人が当面の日標とすべき、一日あたりの摂取量」の目標値は、18〜64歳で男性21グラム以上、女性18グラム以上です（https://www.e-healthnet.mhlw.go.jp/information/food/e-05-001.html）。

「レタス10個分の食物繊維」という表現だと、大量の食物繊維が含まれているように錯覚してしまいますが、こうして実際の数値を確認してみると、思っているほど量が多くないことがわかります。前提を疑うという視点を持つことで、ミスリードから身を守ることができるのです。

ミスリードは、知らないところで行われていることがあります。突然あるタレントの情報が取り上げられるように感じることはありませんか。本来なら「そんなに騒ぐ内容？」と思うことでもどんどんメディアで取り上げられることがあります。そんなときには、騒動にまぎれて隠したい情報があるのかもしれません。

例えば、特定の事件や騒動が放送されている間に、重要な司法判決が下されている場合があります。メディアの報道が他に集中しているときに、影響力のある決定が下されていることがあるのです。

問題の設定自体を疑う

平均値と中央値の違い

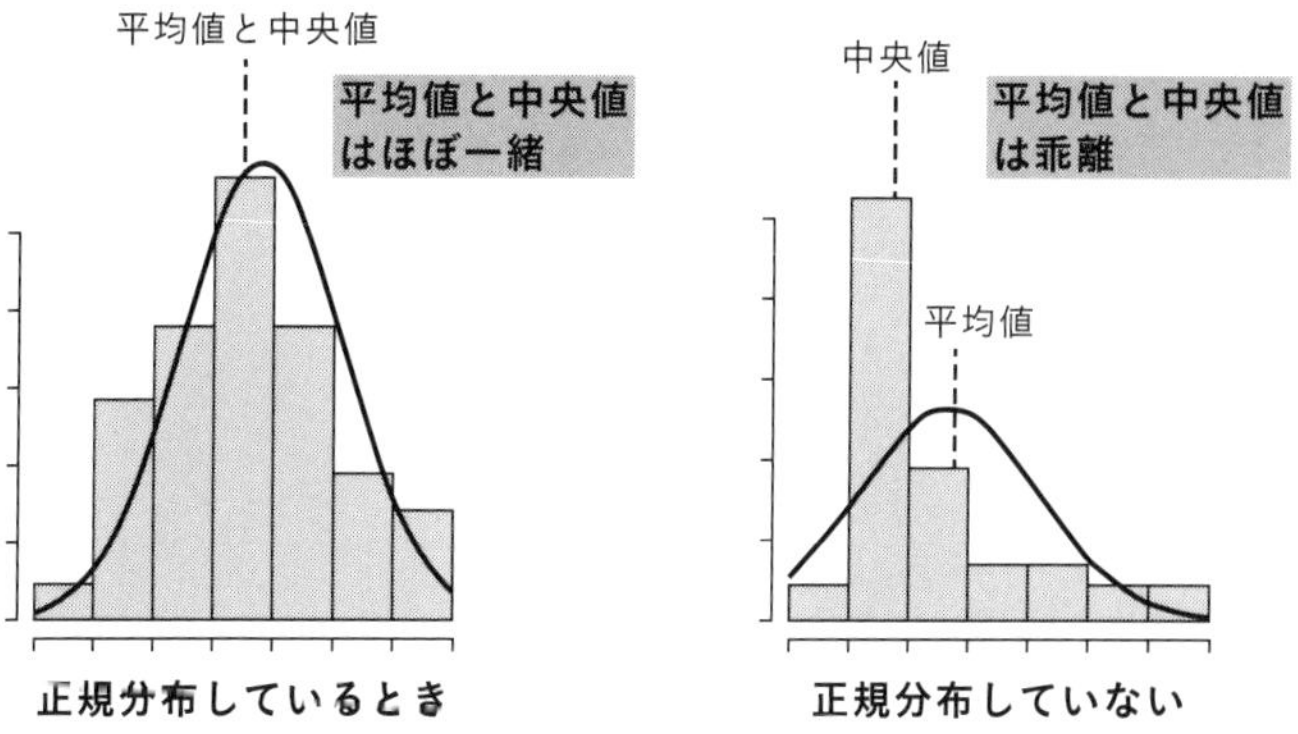

皆さんに質問です。日本の給与所得者の年収がどれくらいか、ご存じですか？

日本の給与所得者の年収は、２０２２年時点で３９６万円と言われています。ところが４５８万円という説もあります。どちらが正しいのでしょう？

実は、どちらも正しいのです。**切り口が違うだけで、データそのものは間違っていない**からです。

相場を知るときに使われるのが、「中央値」と「平均値」です。平均値はすべてのデータを足して割った値のこと。中央値とは、データを並べたときに中央に来る値のことです。

例えば、「5 10 30 70 80」というデータでは、中央値は30ですが、平均値は39になります。

また、年収が100万円の人が9人、1億円の人が1人いたとすると、平均値は1090万円ですが、中央値は100万円となります。

このように、同じデータを使っても、切り取り方によって大きな差が出ることがあるのです。特にビッグデータにおいては、どこを切り取るかによってさまざまなアピールが可能です。

■情報を鵜呑みにしないためのテクニック

明らかに嘘であることを自覚している人の話は、ボロが出やすいもの。

就職活動のとき、履歴書の内容を多少盛ったことがあるという人もいると思います。多少であれば突っ込まれても切り抜けられそうですが、例えば「3日で辞めたサークルだけど、4年間続けたことにした」とか、「ほとんど講義に出席してないけど、皆勤したことにした」というように、明らかに嘘とわかる盛り方をしてしまうと、突っ込まれたときに答えられず、ボロが出てしまいます。

このように、「それが偽である」ということを本人が認識した上で嘘をついているケースは、疑う思考を高めることによってその情報の真偽を確かめることができるようになります。

しかし問題は、その人自身が情報を真実だと信じ込んでいる場合です。本人に嘘をついているという自覚がないため、聞いている側の「この人は怪しい」というセンサーが働きにくいのです。根拠となるデータが正しいと信じ込んでいる人からプレゼンを受けるときには、疑う思考を最大限に駆使しなければなりません。

では、情報を鵜呑みにせず、疑う思考を役立てるためには、どのようなことに注意すればいいのでしょうか。

「私は大丈夫」が一番危ない

得た情報の真偽を確かめずに、「これは正しいに違いない」と鵜呑みにしてしまう人の特徴として、「私が騙されるはずがない」と過信してしまっていることがあります。

最初のうちは「騙されるかもしれない」と警戒して情報の真偽について慎重に判断しようとしていても、その状況に慣れてくると、徐々に「大丈夫だろう」という油断が生まれます。特に、本書に書いてあるような**情報の扱い方や認知の偏りなどの知識**

を得ていると、かえって油断を増長させてしまうことがあるのです。

オレオレ詐欺などの詐欺被害も同じです。警視庁が２０１８年に行った調査によれば、オレオレ詐欺の被害に遭った人のうち、「自分は被害に遭わないと思っていた」と答えた方の割合は78・２％。オレオレ詐欺に騙されなかった人がそのように答えた割合は56・８％でした（https://www.npa.go.jp/bureau/criminal/souni/tokusyusagi/higaisyatyousa_siryou2018.pdf）。

バイアスを完全に避けることはできないと知る

情報を鵜呑みにしないようにするあまり、バイアスをできるだけ排除しようと試みる人もいます。

確かにバイアスがかかっていればいるほど、騙される危険性は高まってしまいます。しかし、私たちは多かれ少なかれ主観的に物事を考える性質を持っていて、１００％客観的思考ができる人は存在しません。つまり、多かれ少なかれ、誰しもバイアスがかかっているのです。

都心に生まれ育った人と地方に生まれ育った人では、安全性に対する考え方や時間の過ごし方が違うのは当然のことですね。

私の夫は自然が豊かな地域で生まれ育ったのですが、都心に住む人がわざわざキャンプをする気持ちがわからないと言っていました。逆に都心に暮らす人から見れば、都心に憧れる人に対しては「マイナスのところもたくさんあるのにな」と思うかもしれません。

自然が豊かな地域で育った人と都心で育った人とでは、「豊かな暮らし」や「レジャー」の定義も違うかもしれませんよね。

人が2人以上いる限り、認知は偏るし、バイアスは発生しているのです。

「自分はバイアスがかかっている」という認識を持って情報に触れれば、それだけで視点が増えることになります。

違う角度からの情報を重点的に集めてみる

「自分だけは大丈夫ということはあり得ない」「バイアスを完全に避けることはできない」ということがわかっていると、「これは正しいのだろうか？」という視点が出てきます。

ポイントは、自分の視点を知ること。そして、**自分の視点とは違う角度から情報を集めてみる**ことです。

例えば、「睡眠時間は8時間が最適だ」という意見があったとします。ショートスリーパーで平均睡眠時間が4時間の人からすれば、「8時間が最適だ」という意見には賛成できません。つまり、この意見には反対という立場に立っていることになります。

そこで今度は、「8時間」という意見に賛成の立場の意見を集めてみるのです。そうすると、その意見を肯定する根拠となる情報がたくさん集まってきます。ネットや

ＳＮＳで**情報を集めるときには、フィルターバブル（45ページ参照）によって、その情報を肯定するものがより多く集まる傾向があります。**

そこで、自分の立場とは反対の意見を集めるときには、あえて自分の今の立ち位置や考えとは違う人をフォローしてみます。さらに、ＳＮＳを使い分けることで多様な意見を集めます。

こうした工夫をすることによって、多種多様な情報を集めることができるのです。

情報を集めて判断するとき、どれくらいの量の情報を集めれば十分検証ができるのでしょうか？「このくらい情報があれば、現時点での最適解を導き出せる」という目安はあるのでしょうか？

これについては、残念ながら答えはありません。なぜなら、やはり時代によっても立場によっても、最適解は常に変化するからです。

そう考えると、「ここまで集めた情報で考えよう」という判断は、どの時点で行ってもいいとも言えます。「今の判断はこうだけど、３年後、もう一度見たときには判

批判的（疑う）に見るために考える視点

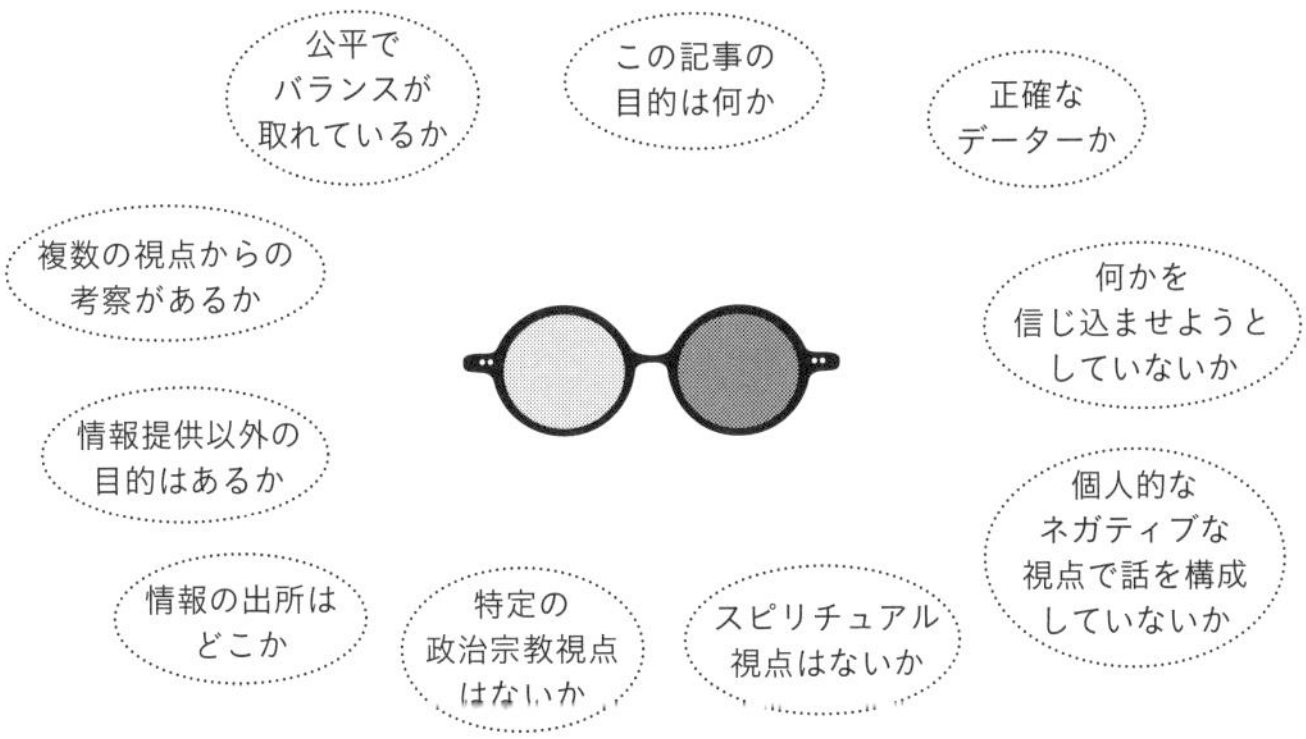

相手と自分に見えているものに相違がないかをチェックする視点

見えているものが一部ではないか・見えていないことはないか

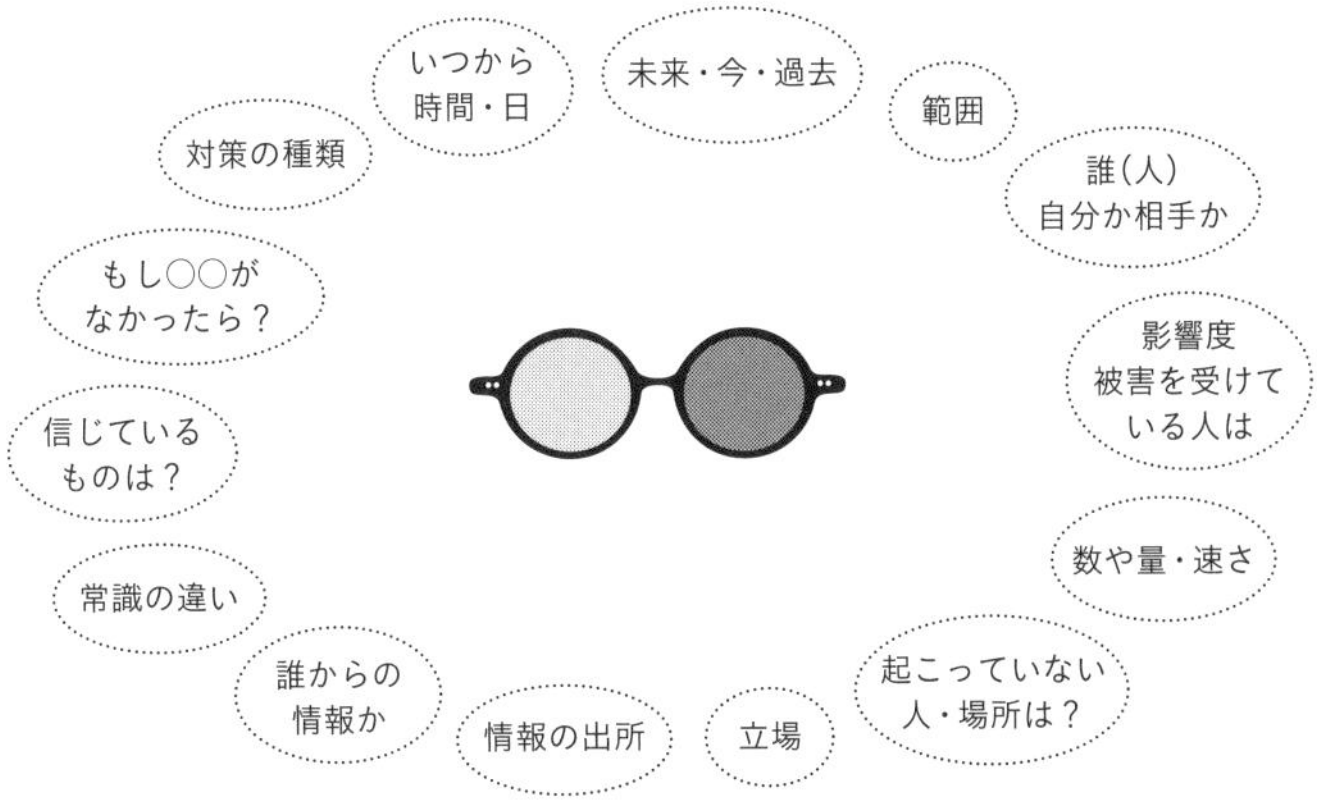

断が違うかもしれない」。このような視点を持つことの方が重要です。

法律も時代によって変化しています。昔は、車の運転中に携帯電話を使っていても罰せられることはありませんでした。しかし2024年3月現在は、6カ月以下の懲役または10万円以下の罰金が科せられます。

刑罰に限らず、「今だったらアウトでしょう」と思えるようなことは日常的に数多くあります。**常に変化することを前提として、今ある情報で一旦はジャッジしておいて、変化に応じてそのジャッジを変えていったり、違う角度から振り返ってみたりすることが大切**です。

つまり、自分で出した答えに対しても、「それって本当?」と疑い続けていくことが大切なのです。だからこそ私も、意図的に自分とは真逆の情報を探しに行くようにしています。

感情が揺さぶられて混乱しているときの対処法

誤った情報を与えてミスリードし、利益を得る手法の1つに「詐欺」があります。オレオレ詐欺や結婚詐欺など、詐欺の手法は巧みです。これらの詐欺に共通しているのが、相手の正常な判断能力を奪うことです。

例えば結婚詐欺なら、相手に恋愛感情を抱かせることによって正常な判断能力を奪っています。オレオレ詐欺の場合は、「会社に横領がバレてすぐにお金が必要になった」「事故を起こしてしまい、示談金が必要になった」というように、緊急事態であることを示して焦りを誘発し、正常な判断能力を奪っているのです。

「セミナーに参加したところ高額の商品を売りつけられ、周りを数人に取り囲まれて、契約書に印鑑を押すまで帰してもらえなかった」といった被害や、「高級布団の即売会で『この場で購入したら30％割り引きになります！　限定5セットです』と言われ迷っていたところ、次々に『買います！』と手が挙がり、焦ってしまい、必要もないのに購入してしまった」というようなケースも聞かれます。

よく考えてみれば「おかしいな」と気がつくことも、焦っていたりイライラしていたり落ち込んでいたりすると、気がつかずにスルーしてしまいます。感情が揺さぶられているときは、騙されやすいのです。

感情が高ぶっているとき、私たちはしばしば混乱し、何が正しいのかを見失いがちです。このような状況では、**冷静さを取り戻し、状況を正しく把握するために一時的に「立ち止まる」ことが非常に有効**です。

「立ち止まる」とは、文字通り自分の動きを止めて、自分自身の感情や考えを整理する時間を取ることを意味します。

例えば、怒りや不安、悲しみなどの強い感情に直面したとき、直ちに反応するのではなく、一旦時間を取って感情の波が落ち着くのを待ちます。この「待つ」時間には、自分の感情が何から生じているのか、その根本原因は何かを自問自答することが含まれます。

また、**感情の背後にある事実や状況を、もう1人の自分が眺めているように客観的に違う角度から考えてみる**のも良い方法です。

このプロセスを通じて、感情が揺さぶられて混乱しているときにも、自分自身の内面と向き合い、根拠のある判断を下すことができるようになります。

仕事や会議でも落ち着いた状態で物事を見ると、普段以上にじっくり細部まで眺めることができるようになりますね。それは情報も同じです。立ち止まって情報を精査することによって、細部も見えるようになるし、全体像も把握できるようになります。動き出すのは、それからでも遅くはありません。

立ち止まって冷静になり、じっくりと情報を疑うこと、動きながら流動的に情報を疑うこと。この2つのアプローチができるようになれば、必要に応じて適切な疑い方ができるようになっていきます。

紙に書き出すことで、整理することができる

正常な判断能力が失われがちな状況では、私たちの頭の中は混乱し、感情、事実、思い込みが絡み合ってしまいます。そうすると、自分がなぜイライラしているかの原因がわからなくなったり、悩んでいることにどうアプローチすれば解決に向かうのかがわからなくなったりしてしまいます。このようなとき、心の中を整理するためには、すべてを紙に書き出すことが有効です。

まずは、**自分の頭の中を空にすることから始めます。**これは、散乱した引き出しの中から目当てのものを探すとき、一度、引き出しの中のものを全部出して、何があるのか1つひとつ確認する作業に似ています。

ぐちゃぐちゃにものが入っている引き出しをイメージしてみてください。シャツ、パンツ、靴下などがごちゃ混ぜになっていて、必要なものを探すのに一苦労します。

そんなとき、引き出しの中身を全部出してから１つひとつ丁寧に整理することで、探していたものが見つかりますし、必要ないものがはっきりします。

同様に、感情が高ぶり、情報や思考がごちゃ混ぜになった頭の中を整理するためには、まずは紙にすべてを書き出しましょう。書き出すことで、感情、事実、思い込みを可視化できます。

書き出したあとは、それらを１つひとつ見て、「これは感情だ」「これは事実に基づいている」「これは単なる思い込みだ」と分類していきます。

次に、その**感情を引き起こしている事実や状況を書き出し、何にイライラしているのか、何に不安を感じているのかを明確にします。**

例えば「明日のプレゼンの準備ができていないからイライラしている」と具体化します。そうしたら、これらの背後にある思い込みや仮定を特定していきます。すると、「会議で批判されるのは自分が無能だということだ」「プレゼンがうまくいかなければ、周りからの評価が下がる」といった思い込みが見つかるかもしれません。

この作業を通じて、**混乱していた頭の中の情報や感情が整理され、何が自分を悩ま**

頭も引き出しもぐちゃぐちゃなら全部出してから整理する

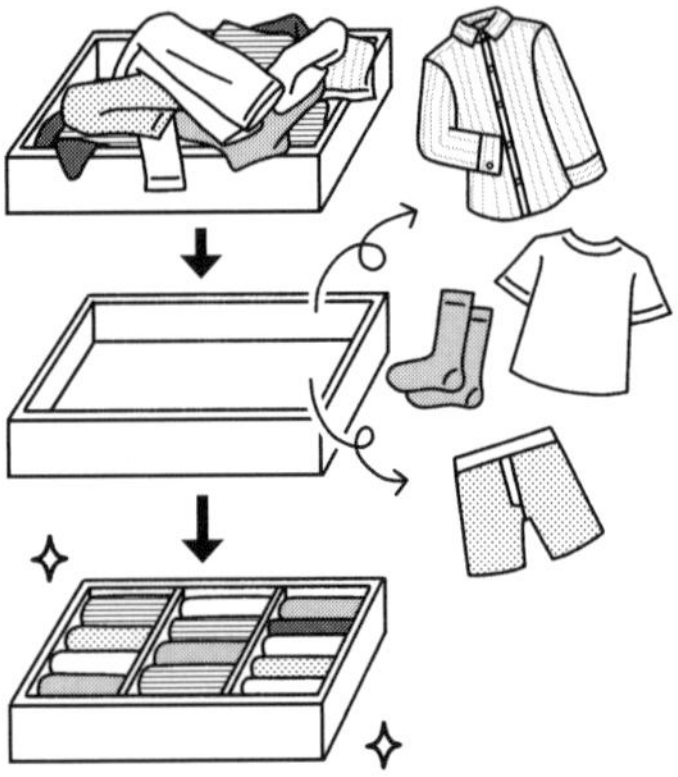

せているのか、どのように対処すればいいのかが明確になります。

粗方書き出して頭がスッキリしてきたら、紙を眺めてみて、今度は図にしていきます。このときに使うのがロジカルシンキングです（2章参照）。

「これとこれって同じレベルの話？」「これとこれは同じ話？」「これを分けると3つになりそう」というように、今度はどんどん図解していきます。そうすると、頭の中が整理された状態で保たれます。

これは、引き出しの外に出したものをきれいに整理して元に戻すようなイメージです。

誤った論理（誤謬）を見抜く方法

続いて見ていきたいのが、2章で少し触れた、誤謬と詭弁についてです。

誤謬とは気づかないうちにこれは正しいと思ってしまい、間違った考え方をしてしまうことです。

そして、詭弁は相手を説得するための話法で、自分の主張を通そうとしたり相手を言いくるめようとしたりするときに使います。

誤謬と詭弁の違いは、発言している人が誤りを自覚しているかどうかです。**詭弁はそれが論理的ではないことを知りつつ発言していますが、誤謬の場合は発言者が誤りに気づいていません。**

誤謬であれ詭弁であれ、重要なのは「気づく」ことです。誤謬や詭弁のカラクリを知ることによって、情報を整理することができるようになります。

誤謬や詭弁には、いくつかの話法があります。その代表的なものを紹介しますが、これらの論法を知っておくことで、会話をしている途中で、誤謬や詭弁に気づくことができるようになります。

もちろん具体的な誤謬の種類まで理解しておく必要はありません。「?」とアンテナが反応するだけでOKです。

ちなみに、先ほども書いた通り、詭弁は本人が誘導していることを自覚しているため比較的見抜きやすいのですが、誤謬は本人が誤りに気づいていないため見抜くことが難しいという難点があります。疑う思考を使って「それって本当?」という問いをくり返し、いろいろな角度から眺めることが、より一層求められます。

●早まった一般化（チェリーピッキング）

自分が主張したいことを立証するために、多くの事例の中からあえて自説に有利な事例を取り上げて説明するテクニックです。

１５７ページの噂の検証方法のところで、「みんな言ってる」「みんなやってる」は危険だと述べましたが、これがまさにチェリーピッキングの事例です。

チェリーピッキングには、自説に有利な少ない事例だけを取り上げて説明するパターンの他に、自説に有利な多数の事例を取り上げて「数が多いから正しい」という論調に持っていくパターンもあります。

●間違った二分法

これは、「AじゃなければBだ」という決めつけのことです。

具体的には、会社員のある人が「うちの会社の○○について改善してほしい」と言ったら、その意見に対して「うちの会社が嫌だったら辞めればいいんじゃないか」と言い返された、というようなものです。「改善してほしい」「もっと○○すればさらに良くなるのに」という意見を伝えているわけですが、その話を飛躍させて「嫌なら辞めろ」という話になってしまうのです。これは間違った二分法です。

●論点のすり替え（「おまえだって」論法）

論点のすり替えは、かなり頻繁に見かける詭弁のテクニックです。

レジに並んでいるときに横入りしてきた人がいたので注意したところ、別の人を指さして「あいつも横入りしてるだろう」と反論されるようなケースです。

「人の罪を非難するお前は、過去に1回も罪をおかしてないんだよな」というようなネットニュースに対するコメントなどでも、論点のすり替えはよく見られます。

●ストローマン（藁人形）論法

ストローマン論法は、感情を必要以上に捻じ曲げ、相手が主張していないことを相手が言っているように見せかけるテクニックです。

例えば「学校の制服を選択制にして、スカートもズボンも選べるようにしよう」という提案に対して、「制服をなくして私服にすると混乱が生じる」と反論してくるような場合です。

提案者は制服をなくすとは一言も言っておらず「選択制にしたい」と提案しているわけですが、「制服をなくす」という議論にすり替えてしまっています。

このようにストローマン論法は発信者の意見を歪めて反論するものですが、相手の話がうまいと、反論された側がそれに気づけません。

●多数派論証

多数派論証とは、世の中で広く受け入れられていることが正しいことだと納得させるときに利用される論法です。

よく見かけるのが「日本と違って海外では○○です」といった論調です。主語が大きい、とも言えます。

「海外」と言っても、世界には日本を含めて196の国があります。もしもこのように言われたときには、「海外って、具体的にはどこですか?」と尋ねましょう。もしかしたら、たった2カ国なのかもしれません。

広く知られていることや信じられていることが必ずしも正しいわけではない、ということを念頭に置いておきましょう。

他にも、詭弁術としてさまざまな手法があります。興味が湧いた方は、ぜひ調べてみてください。

詭弁は至るところで使われています。試しに、ネットニュースのコメント欄やSNSで炎上している投稿などを見てみてください。

これらの技術を知らないうちは、すべてのコメントが正論を言っているように見えたかもしれません。しかし技術を身につけた上で改めて見てみると、「これってストローマン論法使ってる」「これって論理のすり替えだな」というように、おもしろいほど論理の穴が見えてくるようになります。

注意していただきたいのは、気づいたことをそのまま言葉にしないこと。論理の穴が見えてくると、つい「あなた、今論理のすり替えしたでしょ?」と指摘したくなってしまうものですが、それをしてしまうと、たとえこちらの指摘が正しかったとしても相手を感情的に刺激してしまいます。私は職業柄、相手に気づきを促すために、あえてどんどん指摘するようにしています。ただ先に了承を得るなど、相手の感情を害さないように細心の注意を払っています。

批判と非難の違いのところでもお伝えしましたが、私たちが批判力を育てて疑う思考を身につけるのは、多角的な視点を身につけることによって、議論の質を高め、成長するためのはず。相手を打ち負かすためではありません。

感情を高ぶらせて相手を怒らせるためなら、正論で指摘することは非常に効果的です。しかし、コミュニケーションという意味ではむしろ害になりかねません。この辺りのことについては、6章で詳しくお伝えします。

誤謬や詭弁に遭遇したら、頭の中に図を描いていく

私はいつも、人の話を聞きながら頭の中で図に変換し、全体像がわかる地図を脳内に作成しています。同じテクニックを使えば、相手が誤謬や詭弁を使っているかどうかを検証することもできます。

可能であれば目の前にメモを用意して、話を聞きながらどんどん紙にそれをアウトプットしていきましょう。私はいつもそうやっています。

聞いたことを紙に書き出していると、「これとこれって、つながりがある？」「今、話がずれなかった？」ということが見えてきます。私の場合は、「今ずれましたね」「その話は先ほどの話につながっていますか？」とその場で確認するので、もしかするとかなりウザがられているかもしれません。ただ、それを普段し続けていると、おもしろいほど情報を整理する能力が身についていきます。

スタジオジブリの鈴木敏夫さんの下で仕事術をたたき込まれたという、アニメプロデューサーの石井朋彦さんという方がいます。石井さんは、すべての打ち合わせの場で、参加した方の発言をノートに具体的に書き込んでいたそうです。

こうして議事録をまとめ続けたことによって、会議の全体像や進むべき方向性について、誰よりも把握できるようになっていったそうです。

書き出すことで俯瞰して情報を眺めることができるようになり、適切な場所に情報を整理することができるようになります。さらに誤謬や詭弁のテクニックを知っておけば、「あれ？　これって実は論理が破綻してるかも」と見抜けるようになるのです。

第5章

思考のクセを知り、客観的に判断する力を身につける

人それぞれが無意識に持っている「7つの思考パターン」

私たちは、完全に客観的になることはできません。性格や生まれ育った環境などの影響で、さまざまな思考パターンを持っているのが普通です。ですから、上司に厳しく注意されたとき、「嫌がらせをされているんじゃないか」と思う人もいれば、「私は悪くない！」と反発する人もいます。また、同じ状況を成長のチャンスと捉える人もいます。

このように、同じ体験をしても、人によって捉え方や生じる感情は違います。

私たちが無意識に持っている思考パターンは、ざっくりと7つに分けることができます。本書では、7匹の犬にたとえてみました。

犬を飼うときには、犬が社会生活に適応できるようにトレーニングをしますよね。

犬を飼われている方はわかると思いますが、犬種によって性質は全然違います。

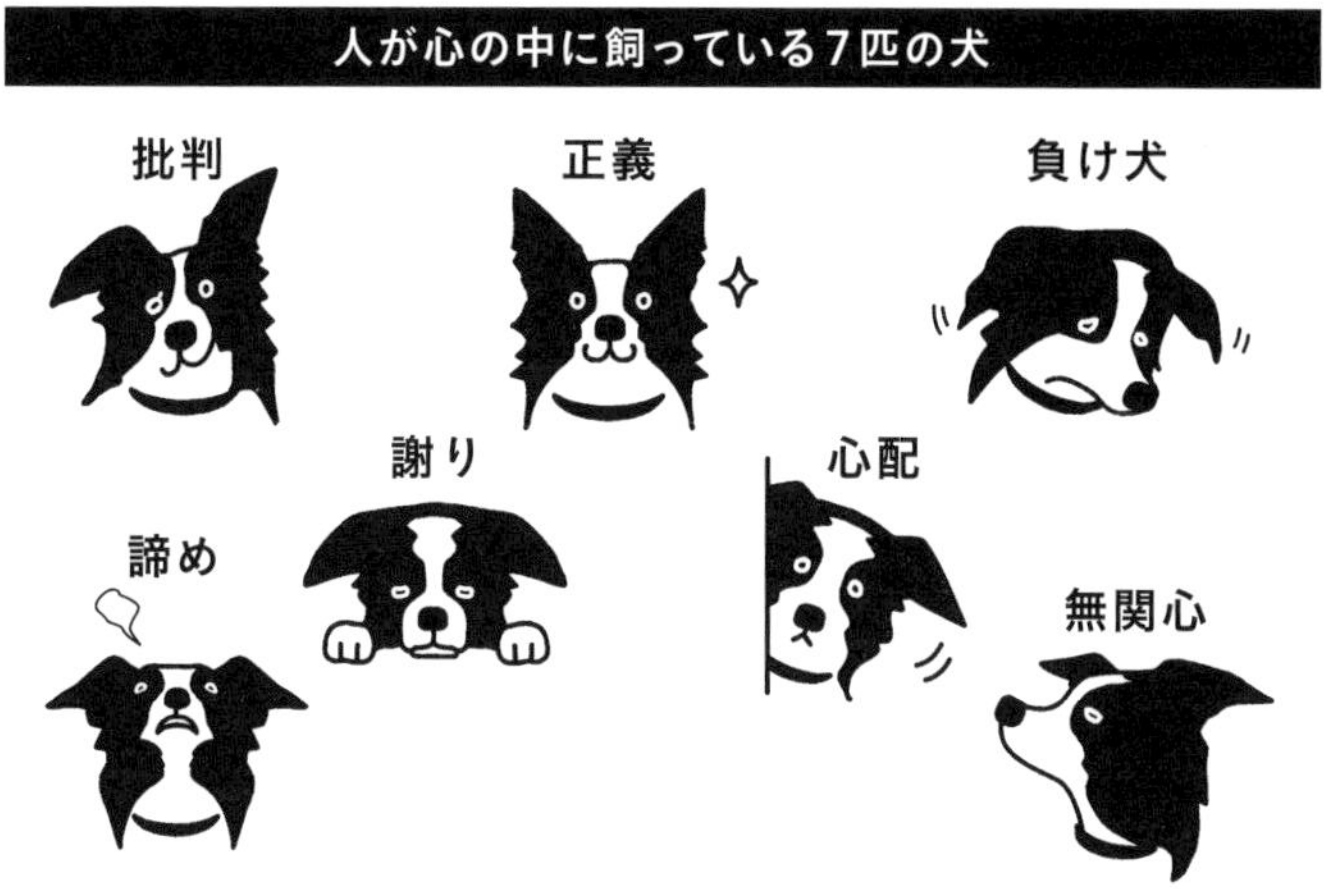

　また、個体によって性格も違いますから、その子に合わせたトレーニングが必要になってきます。
　自分が心の中にどの犬を飼っているかを知ることで、自分の中にいる犬のトレーニング方法が見えてきます。そして上手にトレーニングすることができれば、他人に対してストレスを感じることが減っていくのです。
　それでは、それぞれの犬の特徴を見ていきましょう。

●「すべての事象には問題がある」：批判犬

疑う思考を最も強く備えているタイプ。

物事に対してさまざまな角度から見るクセがあるので、ときに面倒がられることもあります。

私の夫がこのタイプです。先日も、ある雑紙を見ながら「この文字サイズだと、高齢の方は読みにくいかも」「情報が多すぎて最後まで読み終えるのが大変だね」など、次から次に批判が飛び出しました。

批判犬は、良くも悪くもすべてを疑っていく思考パターンです。そのため、正しいことであっても疑います。よく、疑い深い、猜疑心が強いと言われる人がいますが、こういう方は批判犬と、後述する心配犬の両方を飼っている人です。

批判犬の強みは、なんと言っても「疑う思考」に長けていること。物事を多角的な視点で見ることに慣れているため、人が気づかないような論理の穴やミスなどにも気づくことができます。

●「私が常に正しい」：正義犬

常識やルール、倫理観に囚われやすいタイプ。「新人はこうあるべき」「経営者はこうあるべき」など、「べき思考」にもつながりやすいのが正義犬です。

物事を白か黒かで判断したがる特徴も持ち合わせており、「これが正しい」という軸が人よりも強いため、それ以外の考えを受けつけないというきらいがあります。

さらに、自信を持っているように見えます。

正義犬が大きい人の場合は、あえて自分の中に批判犬を連れてくるという対処法があります。本書でも何度も登場していますが、「それって本当？」と自問自答していくのです。他の角度から見てみたらどうだろう、時代の流れから見てみるとどうだろうというように、あえて多角的な視点を持つように意識することが大切です。

●「私なんか全然ダメです」：負け犬

他人と比べて自分を否定しがちなタイプ。しかも自分より遥かにすごい人と比べる傾向があるため、ますます自分の良いところを見ることができません。

「スケート意外にうまいね」と言われて、「いやいや、浅田真央ちゃんと比べたら全然です」なんてことを平然と言ったりします。

「自分はまだまだです」というのは、一見謙虚で姿勢としては間違っていないようにも見えますが、過度になりすぎると卑屈にもなってしまいますし、自分自身に対して常に「ダメだ」と言い続けてしまいます。

その結果、積極的に新しいことにチャレンジしにくくなってしまったり、自分の殻を破ることができなくなったりします。チームを組んだときに自分だけでなくチーム全体についても「ダメだ」という思考パターンになってしまうことがあり、チームのやる気を削いでしまうことも。

ただ、負け犬は努力家タイプでもあります。「自分はダメだ」と思っているからこそ、ダメじゃないように持っていこうとするのです。

大きな負け犬を飼ってしまっている人は、比較する対象を変えることで思考パターンを変えることができます。世界的に活躍している人と比較するのではなく、3年前の自分と比較してみる。昨日の自分と比較してみる。その上で、「自分は本当にダメなの?」「できているところはない?」と、自分にプラスになることを探していくようにしましょう。

●「太陽が東から昇るのも私のせいです」：謝り犬

すべての事象について、常に自分に責任があると思い込んでしまうタイプ。「すみません」が口癖です。

仕事であれプライベートなことであれ、人と人が揉めたときには100％どちらかが悪いというのは、かなりまれなことです。しかし、謝り犬を自分の中に飼っている人は、ほとんどのケースで100％自分が悪いと考えてしまいます。

先日、ある報道で、過労による鬱《うつ》や精神疾患、自殺が増えているというニュースがありました。「自分さえ我慢すればいい」という考えは美徳と言われますが、行きすぎると心身が壊れてしまいます。

自責思考はトラブルが起きたとき、自分のせいにして終えてしまいます。それでは問題は解決しません。自分のせいにして思考停止をするパターンに陥らないことが大切です。

大きな謝り犬を飼っている人は、何かトラブルが起きたときに反射的に「自分のせいだ」と思ってしまいがちです。ですから、「本当に私のせいなのかな？」と疑ってみましょう。

もしかすると、仕組みを変えればミスが起こりにくくなるかもしれません。仕組みに着目する視点を持つと、より生産的に問題に向き合うことができるようになります。

●「明日急に嵐が来て、電車が全部止まるかもしれない」：心配犬

過度に心配性で、未来予測が常にネガティブになってしまうのがこのタイプです。関係が良好で、何十年単位のおつき合いができている取引先に対しても、「もしかしたら次回の契約は更新されないかもしれない」と心配します。

心配犬の強みは、準備力の高さです。最悪の事態を想定するのに慣れているため、未来を予測して計画を立てたり、備えたりすることができるのです。

楽観思考が強いと、「明日のプレゼンも何とかなるでしょ」「今までも契約を更新してくれているし、来期も更新してくれるでしょ」と考えるため、準備が不十分のまま本番を迎える可能性が高まります。しかし、心配犬は「明日のプレゼンで失敗したらどうしよう」「来期の契約が更新されなかったらどうしよう」と具体的に心配できる

ので、そのような事態を避けるために万全の準備をしようとします。

●「絶対にうまくいかない」：諦め犬

物事を常に破壊的に考えるタイプ。新しい企画を思いついても、「どうせうまくいかない」「どうせ上司の決裁は得られない」と、チャレンジする前からネガティブになってしまいます。諦め犬の思考パターンが強いと、否定する力が強まってしまいます。

私たちは、1日8万回以上思考していると言われています。そして、一度脳に問いかけると、脳はずっとその答えを探し続けているそうです。その場では思い出せなかったのに、あとになって急に答えを思い出したという経験をほぼ全員が持っているはずです。

「なぜ自分はダメなのだろう」と8万回考え、延々と答えを探す……。考えただけで落ち込んでしまいます。せっかく自動で答えを探してくれるシステムが脳にあるのです。「どうせダメだ」ではなく「どうすればできる？」と視点を変えてみることが、対策のコツです。

●「私にはかかわりのないのでわかりません」：無関心犬

自分に関係することであっても、他人事としてスルーしてしまうのがこのタイプ。何事もめんどくさいと思いスルーしています。自分が乗っている船が沈もうとしているのに、逃げようともせずに眺めているようなイメージです。

生まれたときから無関心犬を飼っている人は、1人もいません。子どもは少し大きくなると、自分で服を着替えたりするようになります。最初のうちはボタンがうまく留められなかったり、転んでしまったりして癇癪を起こすことがありますね。でも、「着替えができなくても別にいいし」なんて言っているのを、私たちは聞いたことがないはずです。最初は無関心犬を飼っていないのに、何かのきっかけで無関心犬を飼い始めてしまうのです。

無関心犬は、自分の心を守るための防御反応なのです。これを、「学習性無力感」と呼びます。

カマスは肉食の魚です。水槽にカマスを入れて、真ん中に透明なアクリル板を入れて仕切り、仕切りの向こうにカマスの餌である小魚を入れて泳がせます。するとカマスは餌が来たと思って小魚を食べようとしますが、アクリル板が邪魔をして小魚がいる向こう側には行くことができません。やがて食べることをあきらめてしまいます。

しばらくしてからアクリル板を外しても、カマスは一向に小魚を食べようとしないのです。これを私は「カマス理論」と呼んでいますが、これが、学習性無力感です。

実はこの状態を打破する方法があります。それは、無関心を学習していない個体を交ぜることです。何も知らないカマスを同じ水槽に入れておくと、前までアクリル板があったことを知らないので、どんどん泳いで小魚を食べていきます。その様子を見て、他のカマスもアクリル板がないことに気づくのです。

人も同じです。大きな無関心犬を飼っている人は、無関心犬を飼っていない人と意識して交ざってみることで、自分の中にいる無関心犬が変化していきます。

自分と相手の思考パターンを知ると、感情のコントロールができる

他人を観察することで、その人が何犬を飼っているかを知ることができます。

いつも人に対して「この人は間違っている」と白黒をはっきりつけたがる人は、心の中に「正義犬」を飼っています。実際に誰かに対して「それって間違っていませんか?」と発言します。「私の方が正しい」と思っているとき、正義犬がワンワン吠えているのです。


上司がいつもピリピリしていて、重箱の隅をつつくようなミスばかり指摘する人だったとしたら、おそらく心の中に大きな「批判犬」を飼っているでしょう。

声を荒らげてくる人の多くは、「批判犬」や「正義犬」を飼っているのですが、このときは冷静さをなくし非難を行っています。自分の感情をぶつけているだけなので、受け止めて聞く必要がないことがほとんどです。

しかし、あなたがこの7つの思考パターンについて知らないと、「私が悪いんだろ

うか」と不必要に自分を責めてしまったり、上司の態度にイライラしてストレスを抱えてしまったりするかもしれません。

客観視することによって自分の感情コントロールも可能になっていきます。

道端で犬に吠えられたとき、「私が悪かったのかも」と落ち込んだり、ものすごく恐怖を感じたり、ケンカをふっかけたりはしませんよね。大抵の方は、「怖いな」と感じて避ける、という行動を取るのではないでしょうか。

それと同じで、適切な対処方法がわかれば、ストレスが減ります。もし上司からパワハラを受けて精神的に大きなストレスを抱えているのなら、相手の言葉を受け止めずに「犬が吠えている」と思ってみてください。

「ああ、この人は批判犬を飼ってるなあ、しかも大型犬っぽいなあ」と思えるようになると、まさに道端ですれ違った犬に吠えられているかのように対応することができるようになります。

自分と相手の飼っている犬の傾向を把握することは、疑う思考を高めることにもつ

ながります。

例えば、あなたが「謝り犬」を飼っていて、上司が「正義犬」を飼っているとしましょう。上司があなたに対して自分の意見を主張してきたとき、あなたはいつも「申し訳ありません」と謝罪するような関係性になりがちです。

ここで、「上司は正義犬を飼っている。私は謝り犬を飼っている」と把握していると、「ちょっと待って？　いつも謝ってしまうけど、本当に私に非があるのだろうか？」と立ち止まって考えることができるようになります。上司に対しても、「課長の言っていることは、本当に正しいの？」と疑うことができるようになるのです。

ちなみに、ほとんどの人は多頭飼いです。「謝り犬だけ」とか「心配犬だけ」という人はいません。

飼っている犬の数だけでなく、「負け犬は大型犬だけど、諦め犬は小型犬」など、大きさの違いもあったりします。「心配犬と諦め犬は大型犬、批判犬は小型犬」というパターンもあります。

それからおもしろいことに、「この人と話すときには絶対に批判犬が出てくる」というパターンもあるのです。

私はと言うと、長年「批判犬」と「正義犬」を飼っていました。この2匹の犬を飼っていると、もれなく「私が正しい！　他の人は間違っている！」という思考に陥りがちになります。

クリティカルシンキングを身につけてから、「謝り犬」がやってきました。「私が正しい！」という視点しかなかったところに、「それって本当？」という視点が加わったことによって、「私が間違ってることもあるんだ」と、違う視点で物事が見えるようになっていったのです。

自身の偏見を認識し、それに対処する方法

ここに挙げた犬たちは、常に吠えているわけではありません。仕事のときにだけ正義犬がよく吠えるなど、状況によって変わることもあります。また、「あの上司が来ると、いつも謝り犬が出る」というように、人によって思考パターンが誘発されるこ

ともあります。

では、特定の思考パターンが出てきたときには、どのように対処すればいいのでしょうか？

まずは自覚することです。

例えば、「心配犬」を飼っている人は「来月のプレゼンに失敗したらどうしよう……」などと考えがちです。

これは、放っておくと延々と考えてしまい、睡眠の質が下がったり集中力が下がったりします。仕事のコンディションにも影響するため、「あっ、ずっと同じことを考えているな」と気づくようにすることが大切です。

思考パターンが出てきたとき、「考えてはいけない」と抑え込んでしまうのは逆効果です。禁止されると、人って断然興味が湧いてきますよね。「絶対に入ってはいけないとされている部屋」や「決して検索してはならない言葉」などは、気になってしまう人も多いのではないでしょうか？

同じように、「考えてはいけない」と自分に禁止すればするほど、そのことが気になってしまいます。同じ思考がグルグルし始めたときには、思いきって考えてしまうことがポイントです。

ただ、考えることを自分に許可するだけでは、延々と考えてしまう可能性が残ります。ですから、「あと10分思いっきり考えて、それから考えることを止める」など、期限を区切って頭から追い出してしまいましょう。

また、「私はこういう特性を持っている」と受け入れるのも１つの方法です。

思考を客観視する方法

バイアスがかかり、偏っているところからなかなか抜け出せない私たちの思考。そのまま放置していても、疑う思考は身につきません。**できるだけ視点を増やし、視野を広げることによって、客観視することができる**ようになります。

ここでまたクイズです。

あなたは、自分のことを何歳くらいだと認識していますか?

「主観年齢」という言葉があります。実際の年齢ではなく、自分が思う「私はこれくらいの年齢だ」という年齢のことです。主観年齢を調査したところ、多くの人が自分のことを実年齢よりも若いと思っていたそうです。

つまり、40歳の人は自分のことを「まだ気持ちは30代前半だ」「外見も30代前半に見える」と思い、70歳の人は60代前半と認識しているというのです。

このように客観と主観は常にずれるものであるとするならば、「自分は仕事ができない人間だ」「自分は仕事が遅い」といったような自己評価は、思い込みである可能性が高いということになります。

では、客観的な情報はどうすれば知ることができるようになるのでしょうか？

これも、やはり多角的に見て判断していくことがポイントです。

丸太を削って球体にしようとすると、さまざまな角度から丸太を削っていきますね。常に全体を俯瞰し、ミクロとマクロの視点をうまく使い分けながらきれいな球体を彫り出そうとします。

客観的な情報を得るプロセスも、これと似ています。**客観的な情報を知るために、前提として大切なのが、自分の立ち位置を知ること**です。

年齢の場合は、客観的な実年齢を把握することは簡単ですが、「富裕層と中流階級」や「育ちが良い・悪い」というように、そもそもの定義が曖昧なものは、人によって判別がばらけることも多いものです。そんな場合でも、学習レベルやキャリア、年齢、価値観など、さまざまな切り口で立ち位置を測ることは可能です。

立ち位置がわかれば、自分と違う層がどこなのかも見えてきます。

あえて自分とは共通項が少ない違う層の人たちとつながることによって、さらに視点が増えて疑う思考が磨かれていくのです。社内の人だけとつき合うのではなく、違う会社の人とつながることのできる交流会に行くのも良い方法です。1つのコミュニティの中にずっといるままでは、視野が狭くなってしまいます。

疑う思考を高めるために、SNSで発信してみる

疑う思考が身についていくと、日常で出合うさまざまなことに「それって本当?」と疑問が湧いていきます。

真偽が疑わしいものを検証する方法としては、一次情報を得ることが重要です。しかし、すべての疑問について一次情報に当たるとなると時間が足りませんし、そもそも一次情報に当たろうとは考えにくいものです。

そこで、自発的、かつ強制的に疑う思考を高めるために良い方法があります。

それが「発信すること」です。**SNSはさまざまな使い方ができますが、自分の意見を発信する場として活用することで、実は疑う思考が高まるのです。**

これはSNSに限ったことではありませんが、発信には炎上リスクが伴います。ときには、全く想定していなかった人に発信が届いてしまい、伝えたかったことが歪曲

されて拡散されてしまうこともあります。親しい人や肯定的な人しかいないクローズ
ドのコミュニティでの発信であれば問題ないかもしれませんが、オープンの場では、
可能な限り、あらゆる人が見ても炎上しないような発信を心がける必要があります。
そのためには、できる限りさまざまな角度から調べる必要があります。
例えば、あなたが「職場の制服をなくすべき」という主張をしたかったとします。「仕事上での制服はなくすべきだ」という一方向からの意見ですから、「制服はなくすべきではない」という反論が来ることは予想されますね。では、他にどんなことが予想されるでしょうか？
「制服をなくすのではなく、選択制にすればいいだけではないか」という意見や、「毎日同じ服を着て出勤することはできないのでお金がかかる」「人の痛みがわからないのか」といった意見も出るかもしれません。「制服をなくすべき」という発信に対して、不快に思う人がいる、というわけです。
センセーショナルなテーマであれば、なおさらそうです。そこで、**「違う意見を持つ人が見たら、どう思うだろう」などと考えてみる**のです。

ＳＮＳを複数運用している方も多いと思いますが、「ＳＮＳによって集まってくる人の層が違うな」と感じることはありませんか？

自分がそれぞれのＳＮＳで属しているコミュニティの特徴や価値観が見えてくると、同じネタであっても「Facebookで発信するから、こちら側の視点は欠かせないな」とか、「LinkedInで発信するから、この視点はあまり必要なさそう」ということが見えてきます。それが見えたら、あとは情報を調べるなどして補強していけばいいだけです。

情報を補強することによって、客観的な視点を身につけることができるようになります。客観的な視点が身につくと、主観に囚われることなく、冷静に物事を見つめ、状況に応じた適切な判断ができるようになります。

物事を客観視できる人は、周囲からの評価も高いものです。「女性は仕事をするべきではない」「男性ならきつい仕事でも泣き言を言ってはいけない」などと考えている人とは、距離を置きたいと思ってしまいますよね。思考が偏っている人や主観的すぎる人は、周りからも「この人とは関わらない方が良さそう」と距離を置かれやすくなってしまうのです。

投稿する媒体や投稿の数をどんどん増やしていくと、投稿するために情報を調べ、精査してまとめる力も上がっていきます。このように、頭の中を整理するツールとしてSNSを使うのも1つの手です。私も、SNSごとに発信するテーマを変えています。

ちなみに、**良質のアウトプットをするためには、良質な情報をインプットしなければなりません。**インプットする情報の質を見極めるのも、疑う思考が生きるところです。

もし、SNSで炎上したら

SNSの投稿が炎上し、見知らぬ人から匿名で誹謗中傷が送られてくる……。日本に限らず世界中で頻繁に起こっています。

炎上したり誹謗中傷のコメントが届いたりすると、大衆から拒絶され、非難されているように感じてしまうものですが、実は炎上コメントや誹謗中傷コメントをしているユーザーはごくごく一部だというデータがあります。

総務省が発表している「令和元年版　情報通信白書」によれば、「政治・社会系ニュースへのコメント分析では、過激な言説は1％程度の投稿者が生み出す2割程度のコメントの中に顕著であり、残り99％の投稿者による8割のコメントにはほとんど見られない」という研究結果が出ています。

実際に、私も似たような経験をしました。私の家族に関するまとめサイトが立ち上げられていたのです。驚いてアクセスしてみると、普通の人なら目を覆いたくなるような誹謗中傷のコメントの嵐でした。

このときは何十人、何百人という人が誹謗中傷のコメントを書いているように見えました。しかし冷静に分析してみると、誹謗中傷のコメントを書いていたのはたった4人だったのです。

炎上するとひっきりなしにコメントが追加されていくため、情報が多い、発言者が多いと錯覚してしまいます。しかし疑う思考が身についていれば、「すごく数が多いように見えるけど、誹謗中傷のコメントをしているのは何人なのだろう?」とか、「この中で、耳を傾ける価値のあるコメントはどれだろう?」という視点で眺めることができるようになります。

疑う思考が身についてくると、自分に対して攻撃が飛んできても、それに翻弄されることなく、自分を保つことができるようになります。客観的に状況を見ることができるようになり、さまざまな切り口で状況を分析することができるようになるのです。

「炎上商法」という言葉があります。炎上商法とは、わざと非難を浴びるような内容の投稿をすることによって注目を集めるというマーケティング手法のことです。迷惑系YouTuberなど、炎上商法によって知名度を上げようとする人は少なくありません。迷惑系YouTuberは自身が炎上することで注目を浴びていますが、まとめサイトの場合は、他者を炎上させることによってサイトのアクセスを集め、広告表示などによって収益を得るという目的を有していることがあります。

「ここまで手をかけてサイトを作り、誹謗中傷のコメントを投下することによって、この人たちは何を手に入れることができるのだろう？」という疑問が湧けば、取り上げている人物に対して「非難をする以外に本当の目的があるのかもしれない」という仮説を立てることができます。

このような仮説が立てられると、「別の人を誹謗中傷している同じようなサイトがあるのではないか」という視点が生まれます。そして実は、こうして**物事の背景や本質を知ろうとする視点はとても重要**です。なぜなら、この視点を持っていることによって、「目くらまし」を見抜いて身を守ることができるからです。

さまざまな視点から物事を見ることの重要性

さまざまな視点を使い分けることによって、物事を多角的に見ることができるようになります。これからの時代は特に、**視座を高く持つことが求められます。**なぜなら、変化が激しすぎて先が読みにくい時代に突入しているからです。

40階建てのビルの最上階に向かってエレベーターで上がっていく状態をイメージしてみてください。40階から見る景色と1階にいたときに見る景色とは、全く異なりますよね。

40階から外を見ると、隣の県まで見渡せるほどの展望です。雲の影が街に降りていて、そこだけ暗くなっていたり、雷雲の下だけ雨が降っている光景すら見ることができます。すると、「あの地域は今は雲が上にあるけど、雲が移動して晴れるだろうな」とか、「雷雲がもうすぐやってくるだろうな」という、少し先の未来のことまでわかるようになります。

視座が高くなると、遠くまで見渡せるようになるため、未来の予測ができるようになるのです。

目の前のことばかり見ていると、疑う思考は磨かれていきません。

もし、あなたが入社してわずか3カ月なのに、数百人いる全社員の前で新商品についてプレゼンをしなければならないとしたら、どう感じるでしょうか？

プレゼンという目先のイベントが大きすぎて頭がいっぱいになってしまい、プレゼンが終わったあとのことを考える余裕はなかなか持てないかもしれません。「終わったあとのことよりも、まず終わらせることを考えようよ」と思ってしまうでしょう。

でも、視座が高かったら何が見えるでしょうか？　例えばこの社員の指導係には、どんな光景が見えているでしょうか？

当の本人と同じく「まずはプレゼンを終わらせることだ。そのあとのことはそれから考えればいい」という視点でしょうか？

そうではありませんね。指導係の社員にとっては、プレゼンは明らかに通過点です。プレゼンがうまくいった場合はこのような指導カリキュラムを組もう、あまりうまくいかなかった場合はここを復習しようというように、少し先の未来を予測しながら動くはずです。

視座を高く持つことで、全体像が見えてくるのです。

第6章

「疑う思考」をもっと仕事で活用する

■本当に解決できない問題なのかを疑う

仕事のスキルが上がっていくと、どんどん複雑な問題に対処するように会社から求められます。

例えば、それは新商品の開発プロジェクトの陣頭指揮かもしれませんし、問題社員への対応かもしれません。あるいは、離職率を下げて働きやすい会社に変革することかもしれません。

ただどの業務を担当するのであれ、さまざまなことが複雑に絡み合っていて、「これさえやっておけば解決する」という魔法のような解決法はありません。

こうした問題に直面したとき、多くの人が思考停止に陥ってしまいます。何から手をつければいいかわからないからです。

混乱して思考停止した結果、対処できずに「自分には無理だ」と諦め犬が登場した

り、「自分には関係ない」「うまくいかなくても自分の責任じゃない」と無関心犬が登場したりします（**5章参照**）。

近年、離職率が高いという課題を抱えている会社が非常に増えてきました。新入社員の中には、入社した年に「辞めたい」と言ってくる人もいるほどです。

離職率が上がると、新たに人を補充する必要が出てきます。ところが少子高齢化の影響によって、なかなか優秀な人材を採用するのが難しくなってきています。

離職率が高い要因は会社によってもさまざまですし、少子高齢化や労働人口が減っていることなど、社会的な背景もありますから、解決するのが難しいように思えます。実際に、「離職率が高いのは仕方がない」「うちだけの問題じゃない」と考えている会社も少なくありません。

しかしその中でも、「本当に離職率は低くできないの？」「何とかすれば低くできるんじゃないの？」と疑い、要因を突き止めることによって離職率を下げることに成功した会社も多々あります。

複数の金融機関では、離職率が高いことに対して、なぜ離職するのか、離職した行員はどこに流れているのかということを分析しました。その金融機関の1つが、1章でも紹介した山梨中央銀行です。

山梨中央銀行が分析したところ、離職率が高い理由として、退職者が「他の業界に行くと新しい知識や経験が得られる」と考えていることがわかってきました。また、離職したことを後悔している人たちがいることも見えてきたのです。

そこで山梨中央銀行は、行員たちを全然違う業界・業種に出向させることにしました。金融業界しか知らない人を、畜産やワイン農家などの畑違いのところに出向させたのです。

いつも銀行の仕事ばかりしていた社員にとって、全く違う業種の仕事はとても新鮮で気分転換にもつながりました。さらに、銀行に戻ってきたときには、その業界に関わるコンサルティングもできるようになっています。金融以外の業界の知識が得られて、できることの幅が広がっていったのです。

別の企業では、退職者を集めて懇親会を開くという試みを行いました。退職ではなく卒業という呼び方に変え、会社に残っている人と卒業していった人とで懇親会を開いたそうです。

普通に考えると、「そんなことをすると、残っている人も刺激を受けて離職しかねないんじゃないの？」と思いますよね。ところが、懇親会で情報を得た社員の労働意欲が高まるという結果になったのです。

さらに別の企業では、「活躍できるUターン制度」という制度を打ち出しました。退職したことを後悔している人がいることを知り、そういった方に対して「戻ってきていいよ」というメッセージを発信。社内でも受け入れ態勢を整えたのです。

その結果、一度は会社を去った人が、他の会社、業界、業種の知見を増やして戻ってきてくれるという収穫もありました。もちろん、離職率も低減しています。

「辞めるやつは悪いやつだ」「辞めるやつは放っておこう」というのが一般的な風潮ですが、「それって本当？」と前提を疑ってみたわけです。

さらに、分析して「辞めて後悔している人がいる」ということが見えてきたからこそ、「この人にまた戻ってきてもらう制度を作ったら、人数が増えて離職率を下げることができるんじゃない？」という仮説を立てることができました。**分析の結果と疑う思考を掛け合わせる**ことで、離職率の低減を実現したのです。

ちなみに、複雑な問題になればなるほど関わる人も多いため、異なる意見が出て一向にまとまらないという事態になることがあります。そこで有効なのが、共通目的を探すことです。

「こっちに進みたい」「動きたくない」「反対方向に進みたい」と全員の意見がまとまらないと、進み出すことはできたとしても、スピードが出ません。まるで、車に乗ってアクセルとブレーキを同時に踏むようなものです。

価値観や主張がバラバラであったとしても、「私たちはどこに向かっているの？」と疑い、ロジカルシンキングを使って情報を整理し、共通の目的を洗い出すことによって、複雑な問題にも対処することができるのです。

ピンチのときにこそ、疑う思考が求められる

コロナ禍などの緊急事態に陥ったときこそ、疑う思考が役に立ちます。今でこそオンラインでの研修や商談、レストランのテイクアウトは当たり前になりましたが、緊急事態宣言が出た当初は、こうしたサービスに対応している事業者はほとんどいませんでした。

「レストランだからテイクアウトには対応できない」というのが、当時の常識です。テイクアウトに対応しているのは、ショッピングモールやデパートの惣菜屋さんやスーパー、おにぎり屋さんや弁当屋さん、パン屋さんなど、最初からテイクアウトを想定して商品を作っているお店ばかり。食中毒への対応や容器の準備、作業工程の見直しなど、テイクアウトに対応するためには準備しなければならないことが大量にありますから、「対応しない」と決めた方が効率がたしかにいいかもしれません。

しかしそこで、「本当にできない？」「どうすればできる？」と考えられる人たちが出てきました。

中には商品を冷凍して通販に対応できるようにしたお店もありますし、お店で出しているメニューをテイクアウトできるようにしたお店もあります。飲食店全体で見ればコロナ禍によって大打撃を受けましたが、いち早くテイクアウト対応を始めた事業者は、売上を大きく伸ばしたのです。

このように、現状に行き詰まったときほど疑う思考が役に立ちます。そして**現状を打破して変化に飛び込んでみると、思ってもみなかったニーズを掘り起こすことができるのです。**

私は企業の研修講師やコンサルタントの仕事をしていますが、これらも対面が主流の仕事です。私もコロナ禍の前はリアルでの研修が主流で、日本中を移動していました。しかしオンラインに切り替えてみると、今まではいろいろな事情で会場に行けず受講できなかった多くの方が、研修に申し込みをしてくださったのです。

例えば、小さいお子さんがいる方は保育園のお迎えがあったり、突発的に子どもが病気になったりすることがあるので、研修を受けたくても受けることができなかったそうです。しかしオンラインなら、保育園の送迎のときだけスマホに切り替えて受講することも可能です。子どもが病気で寝ているときは、隣で研修を受けつつ、何かあったときには子どものお世話ができます。

こうした動きは、研修講師の活動の幅も広げてくれました。

入院中に病室から研修を行った方や、妊娠中や産後すぐに研修を行った方もいます。「コロナ禍で人が来なくなったから、もう研修講師ではやっていけない」、そう疑わずにいたら、市場の開拓はできません。

今、生成AIが急速に進化しています。誰でも簡単にできる仕事はAIに代わられると言われていますが、疑う思考があれば、仕事を失うどころか新しい市場を開拓することができるのではないでしょうか。

大事なことは、すぐに正解が見つからなかったとしても、もがいてみること。疑う思考力が高ければ高いほど、たくさんの視点を持ちながら、もがくことができるようになります。

疑う思考を活用することで、ゴミが宝の山になる

疑う思考が身につけば、**売れない商品を売れる商品に変化させることもできる**ようになります。つまり、疑う思考を使うことで不可能が可能に変わるのです。

新型コロナウイルス感染症の影響により、多くの業界が打撃を受けました。中でもホテル業界、飲食業界、そして服飾業界は、店舗にお客さまが来られなくなったことによって売上が大きく下がったところが続出しました。私の友人や知人にも、これらの業界に所属している人が何人もいます。

私の友人に、学生の頃からずっと服のデザインをしている20代のデザイナーがいます。彼女もコロナ禍による影響を受けた1人です。彼女が困ったのは、外に出られないため生地が買えなくなったことでした。

デザインは続けていきたい。しかし生地がない。そこで彼女が取った行動は、家にあるいらない服を生地に使うことでした。緊急事態宣言が発令された直後、マスクが

品薄になって値段が高騰したこともあり、「いらない服を使ってマスクを作ろう」と思い立ちます。それが発端となって、彼女は廃棄される服を使ってアップサイクルのブランドを立ち上げることになったのです。

これまで私は、服に対して「新品」と「古着」という2つの定義しかしていませんでした。そこにアップサイクルという第3の選択肢が生まれたのです。

現在、彼女はDOKKA vivid（ドゥッカビビット）という2人組のユニットを組み、アップサイクルデザイナーとして活躍。アジアの代表として、ニューヨークコレクションにも参加しました。現在も、コーチのサブブランド、Coachtopia（コーチトピア）のアンバサダーに就任するなど、「Z世代のインフルエンサー」としての活動もしています。

「これって本当に使えないの？」「本当にゴミなの？」「新しく何かに使うことは本当にできないの？」。このように考えることで、今までは見えてこなかった視点に気づくことができるようになります。

彼女が疑い続けたからこそ、新しい仕事につながっていったのです。

皆さんは「今治タオル」をご存じですか？　愛媛県今治市は日本一のタオルの産地で、そこで作られたタオルは「今治タオル」として多くの人に愛されています。

ただ、大量に生地を生産することから、埃《ほこり》も大量に出ることが問題になっていました。この埃は燃えやすく、火災の原因にもなっていたそうで、生産者の方々は長年頭を悩ませていたのです。

この「燃えやすい」という性質は、違う角度から見ると「火がつきやすい」ということにもなります。このことに気づいた人が埃を集めて、「火花を散らすだけで簡単に着火できる」という触れ込みで、キャンプでたき火をする際の着火剤として売ることにしたのです。

今、生地を生産する上で出てくるゴミである埃は、「今治の埃」という商品名で販売されています。

このように、発想の転換によって新たな商品が生まれた例は多々あります。

質問する力を養うための3つのステップ

私たちが仕事をする際には、基本的に1人で仕事をすることはなく、多くの場合何らかの部署やチーム、プロジェクトなどに所属して、人と関わり合いながら仕事を進めていくはずです。このときに疑う思考を有していれば、さまざまなことができるようになります。

例えば、商品の企画を立案するときや、業務の流れを見直すときに役立ちます。現状を客観的に見つめて課題を抽出し、それらを整理した上で、「それって本当？」と疑っていく。そうすることによって、問題に対処することができるのです。

私たちは問題解決を図ったり、新しいことを始めようとしたりしたときに、情報を取捨選択しています。ただそのときに、やはりどうしても関心が高い情報だけを選んでしまったり、自分にとってメリットのある情報を高く評価してしまったり、といったことをしがちです。

これは、アンコンシャスバイアスや思考パターンが影響しています。アンコンシャスバイアスや認知の偏りをなくすことはできません。

そこで私たちは、得た情報や自分の中で生じる判断に対して、疑うことを重ねていきます。**疑うことを通じてさまざまな角度から光を当てて、物事について判断をしていく**のです。


仕事で人とコミュニケーションを取る際には、頭の中で疑うだけで終わるのではなく、疑う思考を人との関わりの中で生かしていくことが重要です。

疑う思考を最も生かせる場面が、質問する場面です。質問の質がアウトプットの質を左右しますから、どのような質問ができるかによって、仕事の成果も変わってきます。


良質な質問をアウトプットするためには、できるだけバイアスがかかっていない状態に保つことが大切です。

例えば権威バイアスが強くかかってしまっていると、「上司がこう言うのだから正しいのだろう」と考えてしまうため、上司や役職者の話に対して適切に疑うことができず、正しく質問することができません。また、正常性バイアスがかかっていると、「自分は大丈夫だろう」と考えて適切に警戒することができないため、質問の質が下がってしまいます。

バイアスをできるだけ取り除こうと思っても、なかなか難しいものがあります。そもそも、バイアスをゼロにすることはできません。さらに批判犬や謝り犬、負け犬や無関心犬など、飼っている犬によってもかかるバイアスが異なるので、「こうした方がいい」というアドバイスを一概に言うことができません。ですから、自分にどんなバイアスがかかりやすいのかを把握しておきましょう。

その上で質の高い質問をするのですが、それには次の3つのステップを踏む必要があります。

ステップ1　感想を伝える
ステップ2　確認する
ステップ3　質問する

ステップ1　感想を伝える

話を聞いたら、頷きます。頷くことで「あなたの話を聞いていますよ」ということを示します。シンプルなことですが、頷くためには、相手の話を聞かなければなりませんね。聞くというのは、相手が何を主張しているのか、何を伝えたいのかということを理解することでもあります。

表情や態度で「話を聞いています」と示すことも、ステップ1に含みます。また、話を聞いていて「おかしいな」「賛同できないな」と感じたとしたら、無理に頷く必要はありません。ポイントは、相手の話を聞く、ということです。

相手の話が終わったら、まずは感想を伝えられるようになりましょう。相手の話に対して、「私はこう感じました」「このように思っています」と言葉にしてみます。

この段階でつまずいてしまう人がかなり出てきます。「何を伝えたらいいかわからない」「感想を言葉にすることができない」と不安になってしまうのです。私が講師として研修する際にも、参加者の方に感想を求めることがあります。そのとき文章で返してくれる方もいますが、多くの場合「良かったです」「勉強になりました」といったような、非常にシンプルな感想にとどまります。

感想を伝えられないということは、思ったこと、感じたことを言葉にできていないということ。一言で言うと、語彙力が不足しています。

ＬＩＮＥやチャットが普及したことで、長文の文章を作ってやり取りする機会が減りました。「やば」「きも」のように、短い言葉で感情を伝える機会が増えれば、語彙力が下がるのは当然のことです。

研修で感想を伝えるワークを行う際には、いくつかの感情を最初に用意しておきます。その感情の中からどれを感じたか選んでもらいます。

感情の語彙を増やす

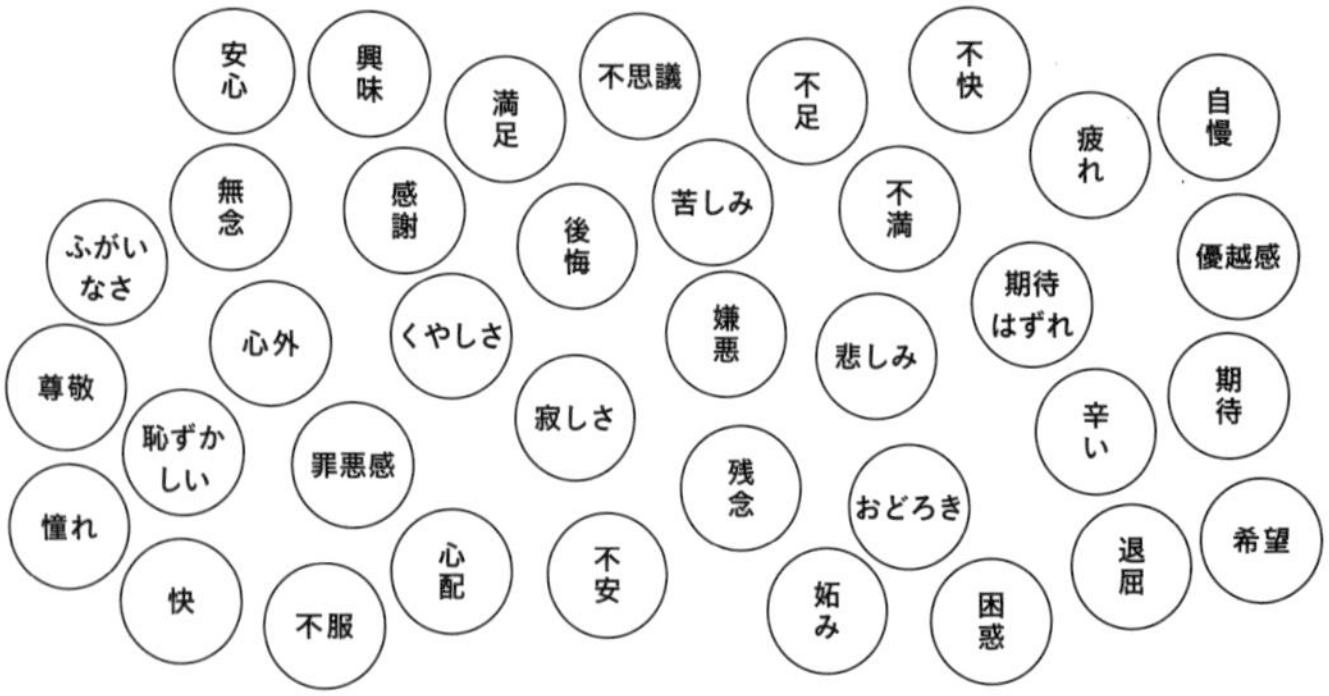

そのあとに、

・なぜその感情を感じたのだろうか
・それはいつだろうか
・どのようなときに感じたのか

を書いていきます。そうすると自分が感じたなんとなくの感情について明確に伝えられるようになります。

ちなみに、**語彙力を高めて感想を伝えられるようになるためには、ロジカルシンキングがとても役に立ちます。**

ロジカルシンキングは、情報を整理するために使う思考法でした。2章では「神戸のおすすめポイント」を例に、情報を整理していきましたね。まずはおすすめポイン

ト と思われる事柄を全部アウトプットして、共通点を探してつなげていく、というやり方で情報を整理していきました。

感想を伝えるときも同じです。「楽しかった」と思ったなら、「どのように楽しかったのだろう？」と一歩掘り下げてみましょう。「推しをプレゼンするワークが楽しかった」という答えが出てきたら、さらに「そのワークが楽しいと感じたのは、なぜだろう？」と掘り下げていきます。

こうして掘り下げていくことで、感想を言語化して伝えることができるようになっていきます。

ステップ2　確認する

感想が伝えられるようになったら、次のステップが「確認」です。

感想がうまく伝えられる人は少ないと書きましたが、確認はさらに少なくなっていきます。

確認とは、話を聞いていたときに「？」と疑問に思ったことを尋ねることです。

「それってこういうことですか？」「この部分がよくわからなかったので、もう一度説明していただけますか？」と相手に尋ね、得た情報を補強していきます。

確認作業を怠ってしまったことによって、誤解が解消されないまま進んでしまい、トラブルが起きてしまう。これは誰しも一度は経験したことがあるはずです。

しかし、確認は非常に難しいものです。

「無知だと思われたらどうしよう」
「嫌そうな顔をされたらどうしよう」
「仕事に影響したら嫌だな……」
「責められてると思われたら困るな」

こういった気持ちが生まれてしまうため、人は会話において確認を挟むことはほとんどありません。**確認作業は心理的にもハードルが高いので、つい「あとで聞こう」と後回しにしがちです。**

しかし、後回しにすると話がずれたまま進んでいって、軌道修正ができないまま会話が終わってしまうことも多々あります。当然仕事の効率も落ちますし、確認しないことがモチベーションの低下にもつながります。

以前、ある問題を解決するためのミーティングに参加したときのことです。いろいろな意見が飛び出していましたが、私にはどれも表面的な解決策のように思えたため、率直に「表面的な話に終始していて、全く熱意を感じません」と伝えました。すると、ある参加者から「熱意がないとは、どういうことだ」と強く反論されたのです。

あとからわかったのですが、実は、私もその方も「この場が表面的な議論になっている」という意見は共通していました。ただ、私が発言した「熱意がない」という言葉が引っかかったのだそうです。

私はかなりハキハキと思ったことを話すタイプです。その私が「熱意がない」と発言したものですから、「声高に主張する人だけが熱意を持っているのではない。内なる熱意を抱えている人もいる。それなのに、『熱意がない』と勝手な判断を下すのはどうなのか」と反発を感じたのだそうです。

ミーティングが終わってから私たちは、そのことについて膝をつき合わせて議論を行いました。このときに行ったのが、「確認」という作業です。

確認というプロセスを経たおかげで、私の「熱意がない」という発言の意図を理解してもらうことができました。そして、その方の思いや熱意に対する定義を私も知ることができました。議論を交わしたあと、とても結束が強まったのです。

しかし、このとき、もしもお互いが「あの人とは相容れない」「もうつき合いきれない」とシャットダウンしていたら、おそらくチームは空中分解していたはずです。「表面的な議論に終始している」という問題意識が共通しているのに、誤解を解消できなかっただけでチームが崩れてしまう。これは、損失以外の何物でもありません。

ステップ3　質問する

確認のハードルを越えられたら、次のステップが「質問」です。

質問もとても難易度が高いものです。研修の場で質問を受けつけても、なかなか手が挙がりません。「どんな聞き方をしたらいいかわからない」「何を聞いたらいいかわからない」と感じている方がとても多いようです。質問が出たとしても、「熱意って何ですか？」というような、抽象的な質問になりがちです。

「最近どうですか？」と聞かれても、答えに詰まりますよね。抽象度が高い質問は、相手が答えにくい上、知りたい回答が返ってこない可能性が高まります。

質問力を高めるポイントは、知りたいことに合わせて、抽象と具体を使い分けること。抽象度を下げて具体的にすると、知りたいことに対して回答が返ってきやすくなります。

「最近どうですか？」よりも、「最近、仕事はうまくいってますか？」の方が具体的です。さらに言えば、「この間始まったあの仕事、進んでいますか？」という質問の方が具体的なので、相手も答えやすくなります。

質問するときにも、疑う思考がとても役に立ちます。さまざまな切り口から質問できるようになるからです。

●切り口を変えた質問の例

【時間軸】

「過去にどんなことがあったんですか？」

「今はどのような状況ですか？」

「将来どうなりたいですか？」

【立場の違い】

「現場ではどうなっていますか？」

「営業部ではどのように考えていますか？」

「新人の立場からするとどう見える？」

このように、3つのステップを踏むことによって、実は敵対していると思い込んでいた相手とも共通目的を持っていたことがわかったり、相手の本心や問題の本質が見えてきたりします。

疑う思考を使うときの注意点

1章で、批判と非難は違うという話をしました。批判は相手の成長を促す生産的な技術であり、学術や研究の分野でも頻繁に行われています。一方、非難にはそういった生産的な一面はありません。相手を傷つけ、貶《おとし》める意図で行われるのが非難です。その区別を明確にするためにも、「批判は決して悪いことではなく、発展と成長のためには必要なフィードバックである」という定義を組織内で共有することが必要です。自分にはない視点から物事を見て指摘を受ける、それが批判です。多くの批判にさらされることによって、私たちの成長にもつながっていくのです。

ここで**重要になってくるのが「場づくり」**です。メンバー全員が安心して発言することができ、**「非難や否定をされることはない」と信じられる環境、つまり心理的安全が担保されている環境を作ることが非常に大切**なのです。

「ここでは責められることはない」
「非難されることはない」
「厳しい指摘やフィードバックは、より良くなってほしいという思いからの発言であって、悪意があるわけではない」

これらのことが共有されていれば、批判を非難と受け止められることは激減します。それに、発言する側も「こんな指摘をして、不快に思われてしまったらどうしよう」と、心配せずに率直な意見を言うことができるようになります。

特に**上司から部下に対する批判は、非難されたと受け止められやすい**もの。最初に「これはあなたを責めているわけではないし、あなたを攻撃する意図もない」ということを示し、態度で示し続けることによって、心理的安全が守られた環境が形成されていくのです。

人は発言するとき、さまざまな不安を抱えています。「仕事ができないと思われたらどうしよう」「ものすごく的はずれなことを発言していたらどうしよう」、そんなことを常に考えながら、発言しています。しかし萎縮している状態では、生産的なアイデアは生まれにくいもの。「無難なことだけ言っておこう」という意識が働いてしまうのです。

批判は一方的に行うものではなく、批判し合うものであり、ここはそういう場であるということを共有しておきます。そして実際に、非難ではなく批判を心がけることを意識しましょう。

情報だけでなく、思考のプロセスも伝える

改善案や戦略を提案するときに、ただ結論だけ伝えても、相手を納得させることはできません。それどころか、必要のない誤解が生じて関係がこじれてしまうこともあります。

結論だけでなく、どのような道順をたどってその結論に至ったのかという理由を伝えることによって、相手に「なるほど」と納得してもらいやすくなります。

毎日大量の仕事をこなして、ときには残業までしているのに、上司から「もっと仕事をしなさいよ」と言われたら、どう感じますか？　ポジティブな感情はなかなか抱きにくいはずです。

しかし、そのあとで、

「私が思うできる人というのは、健康管理や時間管理もしっかりできる人のことを言うんだ。毎日仕事に追われるのではなく、仕事を追いかけるくらいのタスク管理術を身につけるのが、君の仕事なんだよ」

こんな風に言われると、上司が伝えたいことの意図が理解できます。さらには、上司の発言によって、仕事を追いかけるくらいの管理術を身につけることが大切だ、ということにあなたは気がついたかもしれません。

このように、理由やプロセスを伝えることで、相手に見えていない視点があることを気づいてもらうこともできるのです。

発言するときには伝え方を意識する

疑う思考を使ったコミュニケーションで最もトラブルになりやすいのは、思ったことをそのまま伝えてしまうことです。

「それっておかしいですよね？」「この角度から見えてませんよね？」と、頭の中で気づいたことを伝えるだけでは、相手は不快に感じてしまい、非難されていると取られかねません。思考力はあっても対話力がなければ、仕事が円滑に進みません。頭の中では何を思っても自由ですが、そのまま口に出してしまうと人間関係が崩壊しかねないので注意したいところです。

特に批判犬や正義犬が強い人は、相手を責めてしまいがちです。相手を傷つけてしまうので、口に出すときには、どのようにして伝えるかを意識することが重要になってきます。

私は企業にコンサルティングに入ることがあるのですが、私ははっきりと、「これは必要ないですね」「これはなぜ必要ですか？」「あれは止めた方がいいですね」といった意見もどんどん伝えています。つまり、批判をしているわけです。しかし、これまでクレームを受けたことはありません。その理由は2つあります。

1つ目は、「**はっきり言いますがいいですか**」**と了承を得ている**こと、2つ目は**その発言の根拠について伝えている**ことです。


根拠は客観的であるほど説得力が増します。

「データを拝見したところ、AさんとBさんは違う部署ですが、ほぼ同じ業務を行っていることが見えてきました。これは連携していないことが原因だと思います。ですから、情報連携をすることによってBさんはこの業務をする必要がなくなりますから、別の仕事ができるのではないでしょうか」

このように、データを含めて根拠や理由を伝えることによって、相手を納得させることができるのです。


改善案や戦略を提案するときも同じです。ただ結論だけを伝えても、相手を納得させることはできません。なぜなら、伝えたいことの重要性が伝わらないからです。

改善案や戦略を提案するとき、ただ「こうしよう」「これはダメだ」と言うだけでは、相手はピンと来ません。大切なのは、「なぜこの提案がいいのか」をしっかりと伝えることです。自分が考えたことの背後にある理由や、それがどう役立つのかを相手に理解してもらうことが重要なのです。

例えば、あなたが友達と遊ぶ計画を立てているとしましょう。ただ「映画を見に行こう」と言うだけでは、友達は「何で？」と思うかもしれません。でも、「この映画、前からずっと見たかったんだよ。すごくおもしろそうなんだ」とつけ加えれば、友達も「あっ、そうなんだ！　じゃあ行こうか」となるかもしれません。

つまり、改善案や戦略を提案するときは、その提案がどう素晴らしいのか、どう役に立つのかをしっかりと伝えること。これが、相手に納得してもらい、提案を実現するための鍵になるのです。

疑う思考を身につけることで、今までは気づかなかったことに気づけるようになります。そうすれば、現状を打破して新しいものを生み出すことができるようになったり、課題を解決するヒントが見つけられるようになったりします。

毎日の暮らしの中に、「それって本当？」と考える機会を増やしてみてください。それだけで、どんどん「疑う思考」が育っていきます。ぜひ、楽しみながらやっていきましょう。

あとがき

「物事に疑問を持つことは、新しい扉を開く鍵になる」

この言葉を心に置き、今回の執筆にあたり「疑う思考」を掘り下げていきました。私のことを知っている人は、なぜ私がこのテーマを選んだのか不思議に思うかもしれません。

しかし、振り返ってみれば、私の人生は「それは本当なのか？」と自問自答しながら歩みを進めることの連続でした。私は深く考え、疑うことで、人生で多くの答えを見つけてきたのです。

実は悩み多き私です。

なぜ悩むのか。それは私が、常に疑問を持ち、物事を深く掘り下げて考えることを大切にしてきたからです。

「悩むこと」は角度を変えると「考えること」とも言えます。いろいろな出来事や物事に対して「なぜなのか」「どうしてか」「本当か」「どうしたらいいか」と考える習慣は、子どもの頃から私を形成する重要な要素であり、私の生き方そのものでした。

私が育った時代は、「こうあるべき」「これが常識」「これは正しく、これは間違い」といった枠組みに満ちていました。いわば正解思考の時代とも言えます。でも常に「それは本当か」と起こることに疑問を持ち、自分なりの答えを見つけ出すことで、「自分とは何か」ということを確立してきました。

その中でも特に子育てを通じて、私は自分の中に深く根ざした「べき」思考と向き合うことになりました。

特性のある3人の子どもたちと出会い、自分の中でいろいろな混乱がありました。こうするべきだ、こうあるべきだ、こうしなくてはならないという自分の価値観や固定観念が、子どもたちの成長を妨げてしまうのではないかという恐怖が大きかったのです。

だからこそ「お母さんは間違うかもしれない。だから、自分の意見を持ってほしい」と小さい頃の子どもたちに言い続けました。なぜなら、自分の固定観念で子どもたちを傷つけてしまうのが怖かったからです。そして私の子どもたちは、自ら考え、意見を表現する強さを身につけてくれました。

私自身、子どもたちから「それは本当か」「こんな角度から見たらどうだろう」「それは違うのではないか」と指摘されました。その指摘を受けるたび、私の世界と視野が広がりました。子どもたちからの率直なフィードバックが、目の前に起こるさまざまな出来事に対して向き合うきっかけとなり、私自身に多くの学びや気づきを与えてくれました。

また、夫から「あなたが言っていることはよくわからない」と指摘されたことも、私にとって大きな転機でした。それは、私が感覚的な表現をもっと明確に、理解しやすく伝える必要があると感じた瞬間でした。

私の言葉には擬音語や擬態語が多く、なかなか相手に伝わらないことがありました。夫から指摘されたことで、私はロジカルシンキングの重要性に気づきました。仕事の中でシステム開発に携わることもあり、感覚的にロジックを学んではいましたが、システム開発と人に伝える技術はまた別のものです。しかし、感覚とロジッく、この2つが融合することで、私は自分の考えをより明確に、そしてわかりやすく伝えることができるようになったのです。

これは仕事だけでなく、プライベートにおいても非常に重要な力であり、自分の中の重要なスキルになっています。


思考力は、生きていく上で直面する多くの挑戦に立ち向かうための大切な力です。子どもたちから学んだ多様な視点、パートナーからの刺激、そして日々の生活の中で培ってきた感覚。これらすべてが私の「疑う思考」を形成し、本書を書く原動力となりました。


読者の皆さまには、本書が思考の旅の第一歩となり、自分自身と向き合うきっかけになれば幸いです。

私たちの思考は無限の可能性を秘めています。そして、それを探求する旅は、今、ここから始まります。

新しい扉は、すでにあなたの手の中にあります。それを開く勇気を持ってください。そして、私たちが日常で受け入れている「常識」や「固定観念」に疑問を投げかけ、それらを超えた思考の可能性を探求しましょう。この人生の中で疑う思考の旅があなたにとって、新たな発見と成長の機会となることを心から願っています。

私たちの思考力は、仕事だけでなく、人生全般にわたって使える宝物です。その力を最大限に活用し、充実した人生を送ってください。

本書を手に取っていただき、ありがとうございました。

岡　佐紀子

参考文献

『「疑う」からはじめる。』　澤円（アスコム）
『思考の憑きもの』　パオロ・マッツァリーノ（二見書房）
『場を支配する悪の論理技法』　とつげき東北（フォレスト出版）
『頭がよくなる思考術』　白取春彦（ディスカヴァー・トゥエンティワン）
『「アンコンシャス・バイアス」マネジメント　最高のリーダーは自分を信じない』　守屋智敬（かんき出版）
『変な家』　雨穴（飛鳥新社）
valuepress　https://www.value-press.com/pressrelease/191146
一般社団法人 全国地方銀行協会　https://www.chiginkyo.or.jp
総務省　https://www.soumu.go.jp

【著者紹介】

岡　佐紀子（おか・さきこ）

◉――株式会社オフィスブルーム 代表取締役、問題解決コンサルタント、デール・カーネギー・トレーナー

◉――大手IT企業を経て26歳で起業。ITに特化した派遣事業、システム開発、コールセンターの運営に携わりながら、近畿大学経営学部で非常勤講師として11年間教鞭をとり、大学ではITスキルやコミュニケーションスキルについての知識を提供する。2006年に教育業に力を入れるために分社し、株式会社オフィスブルームを設立。

◉――現在は、問題解決をベースにした企業研修やコンサルティング業務、人材育成などに携わり、実践に基づいた価値提供に努める。また、デール・カーネギー・トレーニングの認定トレーナーとして、「人を動かす力」を教えることにも熱意を注いでいる。20年にわたる講師経験を有し、年間200回を超えるペースで研修・講演活動を展開。数万人のビジネスパーソンに対し、眠らせず、参加を促すダイナミックな研修スタイルで高い評価を得ている。

◉――プライベートでは個性的な３人の子どもの母。「公私融合して成長しよう」を座右の銘とし、仕事だけではなくプライベートにおいても起こる問題を解決すべく取り組んでいる。主な著書に『人を動かすコミュニケーション力を身につける』（ギャラクシー出版）がある。

正《ただ》しい答《こた》えを導《みちび》くための疑《うたが》う思考《しこう》

2024年５月20日　第１刷発行

著　者――岡　佐紀子

発行者――齊藤　龍男

発行所――株式会社かんき出版

東京都千代田区麴町4-1-4 西脇ビル　〒102-0083

電話　営業部：03(3262)8011㈹　編集部：03(3262)8012㈹

FAX　03(3234)4421　振替　00100-2-62304

https://kanki-pub.co.jp/

印刷所――ベクトル印刷株式会社

ISBN978-4-7612-7739-0 C0030